Les Maris de Ginette

Les Maris de Ginette

OPÉRETTE EN TROIS ACTES

de MM. Henri KÉROUL et Albert BARRÉ

Musique de Félix FOURDRAIN

Représentée pour la première fois à Paris, sur le Théâtre de l'Apollo
le 18 Novembre 1916

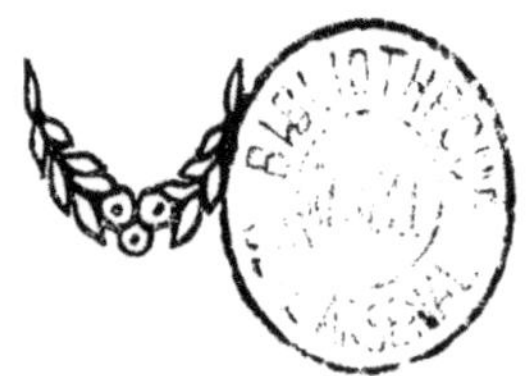

PROPRIÉTÉ DE L'ÉDITEUR POUR TOUS PAYS

MAX ESCHIG

ÉDITEUR DE MUSIQUE

PARIS · 13, RUE LAFFITTE · PARIS

Succursale : 48, rue de Rome et 1, rue de Madrid

Copyright 1917 by Max Eschig, Paris

Direction : M. Maillard

Régisseur général et Metteur en scène : M. Albert Olitro

Chef d'orchestre : M. Jamin. — Pianiste chef de Chant :
Mme Berger

———

DISTRIBUTION

GINETTE............. Mlles Mariette SULLY
SIMONE .... { Mary RICHARD
{ Odette DARTHYSS
Mme BOUCARDIER... Mme Mary THÉRY
FRANÇOISE......... Mlles Jane ADER
OCTAVIE .... ROSENNE
ROBERT .... ROCHETTY
FURET.............. MM. F. GALIPAUX
ANDRÉ .... ÉLAIN
CHAPITEL........... MASSART
OSCAR .... SIDONAC
JOLIBOIS........... JULIAN
MARTINET .... DALEX

———

Au 2ᵉ acte : Pick me up, dansé par A. Massard
et Mary Richard.

———

Au 3ᵉ acte : La Galipette, dansé par F. Galipaux
et Mariette Sully.

———

Chorégraphie réglée par M. Holtzev, Maître de Ballet.
Décors de MM. Mignard et Chambouleron.

ACTE PREMIER

A Asnières près Paris ; à droite, entrée de la maison avec
perron. Fenêtre praticable au premier étage. A gauche, jardin.
Au fond grille et mur. Panorama d'avenue. Guéridon et chaises.

SCÈNE PREMIÈRE

LES INVITÉS, puis FURET, puis ROBERT

(Les invités au mariage, hommes et femmes, en toilette, sont
devant la maison.)

CHŒUR DES INVITÉS

Pour un jour d'hyménée
Ah ! la belle journée.
Et quel temps radieux !
A s'amuser qu'on s'apprête,
Le soleil est de la fête,
Pas un seul nuage aux cieux !...
Pendant que la mariée
Achève de s'habiller,
Allons tous sous la feuillée
Du jardin, nous promener...
En attendant la mariée
Allons tous nous promener !
(Ils sortent à gauche.)

SCÈNE II

FRANÇOISE, ROBERT

(Françoise descend sur les dernières mesures du Chœur de la
sortie, elle se dirige vers le premier plan ; Robert descend du
perron derrière Françoise.)

ROBERT

Françoise, ma petite Françoise, un mot, un mot seulement.

FRANÇOISE

Alors, dites vite, M. Robert. Un jour de noce on a à
faire, et je suis tellement pressée...

ROBERT

Êtes-vous libre ?

FRANÇOISE

Mais non, puisque je suis femme de chambre chez
votre tante...

ROBERT

Non, le cœur ? (Il touche son cœur.) Avez-vous des
amoureux ?

FRANÇOISE

Pas pour le moment...

ROBERT

Ça vous ferait plaisir d'en avoir un ?

FRANÇOISE

Je ne demande pas mieux...

ROBERT, très joyeux.

Victoire !...

FRANÇOISE

Non, Françoise !

ROBERT

Je sais bien... Je crie: Victoire, chance, quoi ! J'ai votre affaire... une occasion... une véritable occasion : un jeune homme très gentil, distingué... tout ce qu'il y a de plus chic dans le genre, quoi !..

FRANÇOISE

A-t-il de grandes moustaches, votre jeune homme ?

ROBERT

De grandes moustaches ?... Non, pas encore, mais il en aura bientôt...

FRANÇOISE, riant.

Alors, il n'y a rien de fait... Monsieur Robert...
(Elle sort premier plan G.)

ROBERT, à part.

De grandes moustaches ! Ah ! les femmes !... Françoise, ma petite Françoise ! puisque je te jure que j'en aurai bientôt...
(Il sort derrière elle à gauche dans le jardin.)

SCÈNE III

Mme BOUCARDIER, OSCAR, puis ROBERT
ODETTE et JEANNE

(Mme Boucardier, descend du perron. Oscar entre par le fond.)

Mme BOUCARDIER

Enfin, vous voilà, mon cher Oscar...

OSCAR

Bonjour, belle-maman... Je ne suis pas en retard ?...

Mme BOUCARDIER

Non... Ginette n'est pas encore tout à fait prête...

OSCAR

A propos, je vous ai préparé le petit reçu.

Mme BOUCARDIER

Quel petit reçu ?

OSCAR

Des cent mille francs qui constituent la dot.

Mme BOUCARDIER

Ah ! c'est que je ne les ai pas...

OSCAR

Cependant vous vous êtes engagée à me les verser aujourd'hui.

Mme BOUCARDIER

Parfaitement.

OSCAR

Eh bien ! je les attends.

Mme BOUCARDIER

Moi aussi je les attends! Vous savez bien que c'est une créance de défunt mon mari, que j'ai sur M. Chapitel cet étudiant en médecine dont je vous ai parlé.

OSCAR

Ah ! oui, ce jeune bambocheur ! Dites donc s'il ne payait pas ?

Mme BOUCARDIER

Ça serait ça de moins que vous toucheriez sur la dot.

OSCAR

Vous en avez de bonnes !... C'est-à-dire que je ne toucherais rien du tout.

Mme BOUCARDIER

Évidemment. Mais, ne vous en faites pas, il paiera. D'ailleurs il n'est pas en retard ; il m'a promis les fonds pour aujourd'hui midi, et il n'est que onze heures trente cinq...

(Robert, Odette et Jeanne entrent par la gauche
et vont à Mme Boucardier.)

LES TROIS

Bonjour, ma tante !

(Bonjours, embrassades.)

ROBERT, à Oscar.

Monsieur mon cousin, j'ai bien l'honneur...

(Poignées de mains. Oscar salue les jeunes filles. Entrent peu à peu les autres invités, bonjours, etc.)

ROBERT

Ginette n'est pas prête ?

Mme BOUCARDIER

A présent... j'espère que si...

ROBERT

Ah ! tant mieux, parce que l'heure s'avance et que M. le curé doit se faire des cheveux en nous attendant. (Se tournant vers la maison et criant:) On demande la mariée.

TOUS, sauf Mme Boucardier et Oscar sur l'air des lampions.

La mariée! la mariée! la mariée!

(Ginette sort de la maison, elle est en robe blanche, sans voile. Françoise la suit.)

MORCEAU D'ENSEMBLE

GINETTE, *descendant le perron.*

On me demande : me voici !

TOUS

Qu'elle est jolie !

GINETTE

Merci, mes amis, grand merci.
Mais en ce beau jour je n'envie
Qu'un compliment, un seul, celui de mon mari !
Voyons ! Oscar, regardez bien
Ne me manque-t-il rien ?...

TOUS

Voyons ! Oscar regardez bien
Ne lui manque-t-il rien ?

GINETTE

I

Oui, ma taille est-elle assez fine...
Voyez-vous mon regard briller?
Serré dans le petit soulier (*bis*)
Mon pied est-il celui de quelque mandarine ?
(Silence d'Oscar.)
Allons, répondez, voyons !
Mais que regardez-vous donc ?

TOUS

Allons, répondez, voyons !
Mais que regardez-vous donc ?

OSCAR, qui jusqu'à présent n'a examiné que la toilette.

> Sans doute vous êtes charmante
> Mais je trouve que l'entre-deux...
> Et puis, la jupe est trop tombante,
> Relevée, elle irait bien mieux !
> (Il indique.)

TOUS

> Ne s'occuper que de cela !

GINETTE

> Quel singulier mari j'ai là !...

II

> On m'a dit que par mon sourire
> Je charmais instantanément ;
> N'était-ce là qu'un compliment
> Ou bien tous avaient-ils raison de me le dire ?
> (Elle sourit à Oscar.)
> Allons, répondez, voyons !
> Mais que regardez-vous donc ?

TOUS

> Que regardez-vous donc ?

OSCAR, qui ne s'occupe que de la toilette.

> Cette encolure ne va guère
> Et cette manche ne va pas,
> Tournez un peu ma chère !...
> (Il la fait tourner.)
> Le corsage descend trop bas !

TOUS

Il ne voit rien... rien que cela !

GINETTE, tapant du pied avec colère.

Quel singulier mari j'ai là !...

Mme BOUCARDIER

Du calme, du calme Ginette.

GINETTE

Je lui parle de moi, il me répond toilette...
C'est être, sapristi,
Un jour comme aujourd'hui
Un peu trop couturier, et pas assez mari !...

OSCAR

Cependant...

GINETTE

Taisez-vous, je vous laisse !

OSCAR

Ginette, voyons !

GINETTE

C'est trop fort !
(Elle monte le perron.)

OSCAR, la suivant.

Je le reconnais, là ; j'ai tort,
Pardon pour tant de maladresse.

GINETTE

Il reconnaît les torts qu'il a,
Bien haut, il les confesse :
Tout de même, malgré cela,
Quel singulier mari j'ai là !...

TOUS

Il reconnaît les torts qu'il a
Bien haut, il les confesse !
Tout de même, malgré cela,
Quel singulier mari c'est là !

(Ils entrent tous dans la maison ou vont dans le jardin,
sauf Robert.)

SCÈNE IV

ROBERT, FURET

(Furet paraît au fond suivi à quelques pas par un des cochers
de la noce, qui fait signe à Robert d'approcher, lorsque Furet
est descendu en scène.)

FURET

J'ai vu beaucoup de monde dans le jardin, à travers
la grille ; les invités sont presque tous arrivés ; c'est un
mariage très chic ;... si je pouvais me faufiler adroite-
ment, j'ai idée que je ne regretterais pas ma journée...
Dans tous les cas essayons toujours !... où sont mes
gants ? Ah ! les voilà !

(Il les sort de sa poche. Pendant ce petit monologue, Robert
et le cocher ont regardé Furet en parlant bas et en riant... Puis
Robert descend en scène, pendant que le cocher disparaît.)

ROBERT, s'approchant.

Bonjour mon vieux Furet ;... ça boulotte?

FURET

Mais Monsieur...

ROBERT

Vous ne me connaissez pas, moi non plus ! Mais le cocher vous connaît.

FURET

Quel cocher?

ROBERT

Un de ceux de la noce... Voilà cinq ans qu'il est dans la corporation, et à chaque mariage qu'il fait, c'est rare qu'il ne vous voie pas parmi les invités.

FURET

Ça prouve que j'ai des relations.

ROBERT

Farceur va !

(Tape amicale sur le ventre.)

FURET

Mais...

ROBERT

Allons ! allons ! ne faites pas le cachottier, puisque je sais tout.

FURET

Alors...

ROBERT

Tout de même, c'est une drôle de profession que vous
avez là.

FURET

Il n'y a pas de sot métier.

ROBERT

N'empêche qu'il faut du toupet pour arriver à se faire
inviter par des gens qui ne vous ont jamais vu.

FURET

Non ! c'est à la portée de toutes les intelligences, même
les plus faibles. Ainsi, vous, je suis sûr que vous réus-
siriez très bien. Il suffit d'avoir un habit, du linge, des
gants et des manières. Pour le mari, je suis un invité de
la mariée, et pour la mariée un invité du marié. D'ailleurs, avant de me risquer, je prends des renseignements
pour ne pas faire de gaffes. J'ai toujours sur moi mon
petit vade-mecum (prononcer mécume.)

ROBERT

Quoi ?

FURET

J'ai mon petit vade mecum (mécume).

ROBERT

Qu'est-ce que c'est que ça ?

FURET

C'est du Russe. Ainsi, aujourd'hui (Tirant son carnet de sa
poche.) nous sommes... quel quantième ?... le 28... c'est
ça le 28 mai. Voyons. (Lisant.) Mariage de Mlle Ginette
Boucardier fille de Mme Veuve Boucardier.

ROBERT

Dont je suis le neveu...

FURET

La grande couturière de la rue de la Paix à Paris, maison de premier ordre, clientèle de choix. Elle va s'asseoir avec son futur gendre; Comment ! elle va s'asseoir ?... Ah! non... s'associer avec son futur gendre Oscar Dutilleul.

ROBERT

C'est exact.

FURET, à Robert.

Elle a raison de prendre du tilleul, si elle est nerveuse ça la calmera. (Continuant.) Le mariage à la mairie a été célébré hier à Asnières ; aujourd'hui cérémonie religieuse à Saint-Roch, puis dîner soigné dans les grands salons de couture de la rue de la Paix, bal avec tziganes de Montmartre, rafraîchissements, champagne et tout le tremblement... etc., etc. Si je pouvais être de la noce jusqu'au bout, c'est ça qui me ferait plaisir.

ROBERT

Pourquoi pas ?

FURET

Est-ce qu'on va partir bientôt ?

ROBERT

Pas avant un bon quart d'heure au moins...

FURET

Alors, je vais en griller une au bord de la Seine... Je peux compter sur votre discrétion?

ROBERT

Mais oui, mon vieux, tu peux, je te dis, tu peux!...
(Il l'accompagne jusqu'à la grille. Furet sort par le fond.)

ROBERT, redescendant.

Pas bête, son truc!... En voilà un qui la connaît, au moins! Sacré Furet, va!...
(Il sort par le plan gauche, au même moment
Françoise paraît, venant de la maison.)

FRANÇOISE

Ils commencent à s'impatienter. Avec ça que la messe a lieu à Saint-Roch ; il y a une trotte.

SCÈNE V

FRANÇOISE, un instant, ANDRÉ, GINETTE

ANDRÉ, entrant par le fond

Mme Boucardier s'il vous plaît?...

FRANÇOISE

Si Monsieur veut bien me donner son nom ?

ANDRÉ

André Chapitel! Mais si elle est occupée, ne la dérangez pas.

GINETTE, descendant du perron.

André! Comment, c'est vous ?

ANDRÉ

Mademoiselle Ginette !

GINETTE

Ah ! non, Ginette tout court, comme autrefois.

ANDRÉ

Vous savez je n'ai plus l'habitude, depuis trois ans
que je ne vous ai pas vue. Je retrouve une petite Madame
qui m'en impose un peu ! et puis vous êtes si gentille
dans cette robe de mariée.

GINETTE

Vous trouvez qu'elle me va, vous ?

ANDRÉ

Ah ! oui !

GINETTE

L'entre-deux ne vous choque pas ? La jupe ne vous
paraît pas trop tombante ?... Le corsage trop bas ?

ANDRÉ

Non, pourquoi ?

GINETTE

Pour rien !... Si vous saviez combien je suis heureuse
de vous voir ; ça me rappelle le temps où j'avais encore
mon pauvre papa.

ANDRÉ

Quel excellent homme !

GINETTE

Il vous aimait beaucoup, vous savez !

ANDRÉ

Il me le prouvait, chaque fois que je venais frapper à sa caisse.

GINETTE

Ce qui nous procurait assez souvent le plaisir de votre visite.

ANDRÉ

Vous êtes méchante. Je dois ajouter, d'ailleurs, que souvent, sans vous, sans votre affectueuse insistance...

GINETTE

Papa ne se serait pas laissé attendrir ?...

ANDRÉ

Et chaque fois, je me disais tout bas : ce qu'elle est charmante cette petite Ginette !...

GINETTE

Vous pensiez ça ?

ANDRÉ

Et je le pense encore...

GINETTE

Alors, moi aussi, je vais vous dire quelque chose : avec mes amies, quand nous parlions de l'idéal que nous nous faisions de notre futur mari, je voyais toujours un jeune homme qui me plaisait... qui me plaisait...

ANDRÉ

Tant que ça ?

GINETTE

Tant que ça !...

ANDRÉ

Et son nom ?

GINETTE

Non, Monsieur, je ne vous le dirai pas...

ANDRÉ

Comme dans les communiqués, alors !...

DUO

ANDRÉ

Et cependant, c'est un plaisir extrême
Tant au physique qu'au moral,
D'avoir un idéal !

GINETTE

De découvrir les qualités qu'on aime,
Chez celui-ci...

ANDRÉ

Chez celle-là !

GINETTE

Oui, c'est charmant cela !

ANDRÉ

Quand on en parle, il sied d'être prolixe.

GINETTE

Certainement, mais pour être correct
On ne doit dir' que Monsieur Ixe.

ANDRÉ

Et Mad'moiselle Ygrec!

ENSEMBLE

Pensons, disons de douces choses,
Vous de moi, moi de vous !
Mais pas de noms, les lèvres closes...
Chut ! Taisons-nous, méfions-nous !

II

ANDRÉ

J'entends souvent, j'en ai fait la remarque
Citer Juliette et Roméo
Léandre avec Héro...

GINETTE

Paul, Virginie, et puis Laure et Pétrarque

ANDRÉ

Ou bien Joseph et Putiphar.

GINETTE

Héloïse, Abélard...

ANDRÉ

Mais cette liste, où votre esprit se fixe

GINETTE

On aimerait la compléter avec...
Pas de noms !...

(Le regardant.)

Avec Monsieur Ixe.

ANDRÉ, la regardant.

Et Mad'moiselle Ygrec !

ENSEMBLE

Pensons, disons de douces choses,
Vous de moi, moi de vous...
Mais pas de noms. Les lèvres closes...
Chut ! taisons-nous ! Méfions-nous !...

SCÈNE VI

ANDRÉ, Mme BOUCARDIER, OSCAR
et apercevant ANDRÉ

Ah ! le voilà !

ANDRÉ

Madame Boucardier, mes hommages !

Mme BOUCARDIER

Bonjour M. André. (Présentant :) Monsieur Oscar Dutilleul, mon gendre.

ANDRÉ, saluant.

Monsieur, enchanté !

OSCAR

Pas tant que moi. Vous avez les fonds ?

ANDRÉ

Non, mais je vais les avoir dans un instant. Je suis même surpris de ne pas avoir reçu le chèque.

Mme BOUCARDIER

Quel chèque ?

ANDRÉ

De mon oncle. Je vais vous expliquer ça.

GINETTE

Asseyez-vous donc.

(Tous s'asseoient.)

ANDRÉ

Voici. Mon patrimoine se compose uniquement d'un oncle à héritage, Hector Chapitel, ancien |capitaine au long cours, pour le moment armateur à Bordeaux.

OSCAR

Et alors ?

ANDRÉ

Mon oncle a beaucoup d'affection pour moi ; d'abord, il me fait une pension de cinq cents francs par mois, et il m'a promis depuis longtemps de me donner cent mille francs le jour où je me marierai.

OSCAR

Vous venez donc de vous marier ?

ANDRÉ

Non, mais il y a huit jours, au moment où me parvenait votre faire part, je recevais en même temps une lettre de lui m'informant qu'il venait d'avoir une attaque de goutte formidable, et qu'il était au lit pour une quinzaine de jours au moins, comme à chacun de ses précédents accès. Cette coïncidence, votre mariage, l'impossibilité pour mon oncle de se déplacer, fit germer dans mon esprit une idée lumineuse ; je lui ai répondu par le même courrier : « Mon cher oncle, je suis désolé de cette maudite attaque de goutte qui me privera de vous avoir à mon mariage ; j'épouse dans huit jours, Mlle Ginette Boucardier. »

TOUS

Ah !

ANDRÉ

Et j'ai reçu avant-hier de Bordeaux le petit mot que voici : (Il tire un papier de sa poche.) « Enfin, tu te décides à devenir raisonnable et à convoler, ce n'est pas trop tôt, mauvais sujet. Je suis contrarié de ne pas assister à ton mariage, mais tu sais ce que je t'ai promis et je n'ai qu'une parole : tu recevras le jour de la noce un chèque de cent mille francs, payables chez mon banquier à Paris. » Eh bien ! qu'est-ce que vous dites de mon idée ?

GINETTE

C'est drôle !

Mme BOUCARDIER

Et pas bête !

OSCAR

Moi, j'attends pour me prononcer d'avoir vu le chèque.

ANDRÉ

Ça ne va pas tarder. J'ai dit à mon portier de m'envoyer ici ce qui arriverait pour moi.

GINETTE

Ici ? C'est que nous allons partir.

ANDRÉ

Ah ! diable, je n'avais pas pensé à ça...

GINETTE

Il y a un moyen : passez chez vous et dites qu'on
vous apporte votre lettre rue de la Paix, où nous serons
toute la journée.

ANDRÉ

Mais, je n'y serai pas, moi.

GINETTE

Si, car vous pensez bien que je vous invite à ma noce;
maman aussi...

Mme BOUCARDIER

Bien volontiers !

ANDRÉ

Mais, c'est que je ne suis pas habillé.

GINETTE

Vous êtes bien comme ça, mais oui... C'est entendu ?

ANDRÉ

Alors, j'accepte !...

Viens aider à me mettre mon voile, maman !

Mme BOUCARDIER

Voilà mon enfant !

(Elles entrent dans la maison suivies par Oscar.)

ANDRÉ, la regardant sortir.

Cette petite Ginette est encore plus gentille qu'avant.

SCÈNE VII

ANDRÉ, SIMONNE, puis GINETTE

SIMONNE, qui paraît à la grille, s'approche d'André.

Coucou, la voilà !

ANDRÉ

Simonne !

SIMONNE

Bonjour, mon chéri ! (André l'embrasse sans conviction.)
C'est comme ça que tu m'embrasses, quand on ne
s'est pas vu depuis quatre jours ?

ANDRÉ

Comment es-tu venue ?

SIMONNE

En auto...

ANDRÉ

Non, comment as-tu su que j'étais ici?

SIMONNE

Par ton concierge. On dirait que ça t'ennuie?

ANDRÉ

Tu n'es donc pas à ton magasin ?

SIMONNE

Tu vois... Aussi qui qui va conduire sa petite Mo-
monne à Fontainebleau faire un bon petit déjeuner
dans la forêt?

ANDRÉ

Ce n'est pas moi. Je ne suis pas libre, je suis de noce.

SIMONNE

De noce ?

ANDRÉ

Tu n'as pas vu les voitures à la porte?

SIMONNE

Qui est-ce qui se marie?

ANDRÉ

Mlle Boucardier.

SIMONNE

Tu es son parent?

ANDRÉ

Non.

SIMONNE

Et on t'a invité ?

ANDRÉ

Il y a cinq minutes.

SIMONNE

C'est pas très limpide tout ça ! Cette noce dont tu ne
m'as jamais soufflé mot, cette invitation qui te tombe
du ciel.

ANDRÉ

Qu'est-ce que tu vas t'imaginer là ?

SIMONNE

Ah ! si tu faisais jamais un coup pareil après tous les
partis magnifiques que j'ai refusés pour toi !

ANDRÉ

Quels partis ?

SIMONNE

J'ai vu se rouler à mes pieds,
Des hommes beaux, des hommes riches,
Barons, ténors, jockeys, banquiers...
Mais je t'aime et tiens du caniche ;
Pour n' pas lâcher, à moi l' pompon...
Et l'on peut m'appeler crampon
    Ce que j' m'en fiche !...
Si c'est l'amour ! J'en mets... j'en mets.
    Comme personne !...
Qui ne cramponne pas, n'aima jamais,
    Et moi j' cramponne !...

II

Le lierre s'attache aux ormeaux,
Et meurt en leur faisant escorte...
Le boa serre ses anneaux
Sans que jamais sa proie en sorte...
Comme eux je tiens *fortissimo !*..
C'est pas du sang que j'ai sous la peau,
C'est d' la coll' forte !...
Si c'est l'amour, j'en mets, j'en mets !...
Comme personne !...
Qui ne cramponne pas, n'aima jamais,
Et moi j'cramponne !...

ANDRÉ

Alors, on t'a fait tant de propositions que ça ?

SIMONNE

Des tas... mais oui, mon cher ; pas plus tard qu'hier encore, le fils d'un banquier de l'avenue de l'Opéra ; oui, mon petit, il m'offrait un hôtel avec mobilier épatant, auto, et tout le tra la la...

ANDRÉ

Tu me raconteras ça plus tard.

SIMONNE

Et si tu ne m'avais pas promis qu'on ne se quitterait jamais nous deux...

ANDRÉ

Allons, au revoir ! Demain matin j'irai te prendre chez toi, et nous irons déjeuner dans toutes les forêts que tu voudras.

SIMONNE

Eh bien non, je ne m'en vais pas. Je reste ; je veux voir partir la noce ; comme ça, je serai sûre que tu ne me contes pas de blagues !...

ANDRÉ

C'est insensé, si on te voit ?...

SIMONNE

On ne me verra pas, je vais me cacher dans le jardin.

ANDRÉ

Encore une fois, Simonne.

SIMONNE

Je te dis que je resterai, là !... Tu diras que je suis ta sœur.

ANDRÉ

C'est ridicule !

SIMONNE

Zut !

(Elle sort à gauche.)

ANDRÉ

Voyons ! Simonne !

(Il sort derrière elle. Ginette vient d'apparaître sur la porte de la maison, et a entendu les dernières répliques.)

SCÈNE VIII

GINETTE, puis ANDRÉ, CHAPITEL
Mme BOUCARDIER et OSCAR

GINETTE

Ah ! c'est sa petite amie !... après tout c'est son droit à
ce garçon, il est libre. Quel dommage qu'il ne soit pas
venu chez nous pendant trois ans, il m'aurait dit tout ce
qu'il... ne m'a pas dit tout à l'heure, et moi je lui aurais
répondu... tout ce que je pense. Ah ! oui, c'est dommage !

CHAPITEL, paraît au fond et entre.
(Apercevant Ginette.)

Ah ! la mariée ! Ginette n'est-ce pas ?

GINETTE

En effet, Monsieur, mais...

CHAPITEL, se présentant.

Hector Chapitel.

GINETTE, suffoquée.

L'oncle...

CHAPITEL

De mon neveu... d'André, le vôtre, par conséquent.
Tudieu ! mon gredin de neveu a du goût. J'aurai là
comme nièce une petite corvette dont j'aurais aimé
à être le commandant, lorsque j'avais vingt ans de
moins.

(Il l'embrasse.)

GINETTE

Vous êtes guéri?

CHAPITEL

Ma goutte ? C'est la chose du monde la plus drôle !
imaginez-vous... (Voyant entrer André.) Ah! te voilà !

ANDRÉ

Mon oncle !...

CHAPITEL

Eh bien oui ! c'est moi. Allons, embrasse-moi, clampin !
(Ils s'embrassent.)

ANDRÉ, ahuri.

Mon oncle !

CHAPITEL

Eh bien quoi! Tu ne vas pas chasser sur tes ancres
comme une vieille frégate ?

GINETTE

C'est la surprise !

CHAPITEL

Tu ne comptais pas me voir arriver hein

ANDRÉ, à part.

Oh non !

CHAPITEL

C'est ce que j'allais expliquer à ta femme.

ANDRÉ, à part.

A ma femme ?

CHAPITEL

Oui, à Ginette... Tu sais qu'elle est charmante... Ah !
tu en as une veine, sacripant !

ANDRÉ

Mais mon oncle...

CHAPITEL

Imaginez-vous, mes enfants, que ce n'était pas du
tout une attaque de goutte, comme le prétendait mon
docteur. Ah ! les médecins ! Quels ânes ! Je ne veux pas
en dire du mal parce que tu seras un jour de la corporation, mais nom d'une brigantine !... c'était un rhumatisme, un simple petit rhumatisme de rien du tout... Ça
m'aurait embêté de ne pas assister à votre mariage et
d'être obligé de vous envoyer par la poste mon petit
cadeau de noce, mon chèque de cent mille francs. Je
l'ai là dans mon portefeuille, mais je ne vous le remettrai
que ce soir, au moment psychologique.

GINETTE, qui ne comprend pas.

Au moment psychologique?

CHAPITEL

Oui, au moment de la marche nuptiale, du branle-bas
de combat, toutes voiles dehors !... Et après, je repars
pour Bordeaux.

GINETTE

Ah ! vous repartez ce soir ?

CHAPITEL

J'aurais voulu relâcher quelques jours avec vous, mais

impossible ; je dois présider demain un conseil d'admi-
nistration...

ANDRÉ

Mon oncle, j'ai un aveu pénible à vous faire.

CHAPITEL

Quel aveu pénible ?

GINETTE, vivement.

André veut dire que, comme nous ne comptions pas
sur vous, nous nous sommes mariés hier à la mairie.

CHAPITEL

Ce n'est que ça !... Ça n'a pas d'importance ; le tout,
c'est que je sois là pour le repas ; car vous savez, ma
nièce, à table, c'est comme autrefois sur l'océan pendant
une tempête, je ne boude pas à l'ouvrage.

Mme BOUCARDIER, entrant, suivie d'Oscar.

Ginette, mon enfant, l'heure s'avance.

CHAPITEL

Votre maman, la belle-mère, Mme. Boucardier sans
doute ?

Mme BOUCARDIER

Oui, Monsieur.

CHAPITEL, se présentant.

Hector Chapitel.

Mme BOUCARDIER

Ah ! vous êtes l'oncle ?

CHAPITEL

De votre gendre, parfaitement.

Mme BOUÇARDIER, à part.

De mon gendre ?

CHAPITEL

Vous permettez ?

(Il l'embrasse.)

Mme BOUCARDIER

Mais...

(Ginette lui fait signe de ne rien dire, ainsi qu'à Oscar.)

CHAPITEL

Je devais rester là-bas, mouillé à Bordeaux, mais ce n'était pas la goutte, c'était un rhumatisme. Hein ! croyez-vous, ces médecins ? (Avisant Oscar.) Ah ! ah ! le garçon d'honneur probablement ? Mâtin, en a-t-il de la fleur d'oranger ! Il est pavoisé comme un trois mâts, un jour de fête (A Oscar qui salue.) Bonjour mon ami, bonjour !... (A André.) Il me semble que tu n'es guère fleuri, toi, pour un marié... pas le moindre bouquet... Qu'est-ce que tu attends ?...(A Oscar.) Permettez jeune homme ?...

(Il enlève de l'habit d'Oscar le bouquet qui s'y trouve et le met à l'habit d'André.)

OSCAR, protestant.

Mais, Monsieur...

CHAPITEL

Assez blanc-bec, et ferme ton sabord ! (A André.) Comme ça au moins... on voit tout de suite que tu es le marié, bien que tu sois en redingote ; mais on se marie beaucoup en redingote cette année. (Aux autres.) Je vous demanderai la permission de me donner un coup de fignolage. (A André.) Prends ma valise veux-tu, et indique-moi ma cabine. (Aux autres.) Nous ferons plus ample connaissance tout à l'heure. Vous me plaisez Madame Boucardier, vous me plaisez beaucoup ! (A André.) Tu viens ? (Regardant Oscar.) Il a une bonne tête le garçon d'honneur !

(Il sort.)

ANDRÉ

Mais...

GINETTE

Allez donc.

(Elle le pousse. Il suit Chapitel dans la maison.)

SCÈNE IX

GINETTE, Mme BOUCARDIER, OSCAR, puis FURET

Mme BOUCARDIER, à Ginette.

Pourquoi m'as-tu fait signe de ne rien dire ?

GINETTE

Pour laisser croire à M. Chapitel que c'est son neveu qui se marie avec moi.

Mme BOUCARDIER

Il va bien s'apercevoir du contraire.

GINETTE

Vous n'avez donc pas entendu ? Il repart ce soir, et en donnant le mot à nos invités...

OSCAR, vivement.

Tiens! mais oui, c'est une idée...

Mme BOUCARDIER

Et l'église ?

GINETTE

Ah ! oui, l'église...

Mme BOUCARDIER

C'est de la folie.

GINETTE

Écoute donc, je n'ai pas réfléchi; j'ai voulu sauver...

OSCAR

Les cent mille francs ?

GINETTE

Ma foi non, je n'y ai pas pensé; mais ce pauvre André ; si son oncle s'apercevait qu'il l'a trompé, il lui couperait les vivres ; plus de pension.

OSCAR

Et pas de cent mille francs !

3

GINETTE

Il doit lui remettre le chèque ce soir, au moment de la marche nuptiale, du branle-bas de combat, toutes voiles dehors.

Mme BOUCARDIER

Tu dis ?

GINETTE

Au moment psychologique, quoi !

OSCAR

Ah ! bien ! je comprends.

GINETTE

Moi, pas !

Mme BOUCARDIER

Ça ne fait rien... ton mari t'expliquera plus tard...

GINETTE

En tous cas, on peut toujours essayer de sauver la situation n'est-ce pas ?

OSCAR, vivement.

Bigre ! Ginette a raison !

Mme BOUCARDIER

Mais à l'église voyons !

GINETTE

En y réfléchissant, nous trouverons peut-être quelque chose.

FURET, apparaissant, à part.

On ne va pas tarder à partir, je crois qu'à présent je peux me risquer.

(Il descend et salue.)

Mme BOUCARDIER

Pardon, Monsieur, vous demandez ?

FURET, après avoir salué.

Je viens pour la noce...

Mme BOUCARDIER

A quel titre ?

FURET

Titre fixe !... Oh! pardon... comme invité.

GINETTE

Comme invité ?

FURET, légèrement troublé.

Invité, pas dans toute l'acception du mot ; je veux dire qu'étant donné mes relations avec Madame... (Regardant sur sa manchette.) Madame Boucardier.

Mme BOUCARDIER

C'est moi, Monsieur...

FURET, à part.

Fichtre !

Mme BOUCARDIER

Et je n'ai pas l'avantage...

FURET

Oui, c'est pourquoi je dis : étant donné mes relations avec Madame Boucardier qui n'a pas l'avantage, et que je n'ai jamais eu le plaisir de voir, je ne me croirais pas autorisé à me présenter, si je n'étais très connu de mon ami (Même jeu.) Dutilleul.

GINETTE

Ah ! vous connaissez mon mari ?

FURET

Ah ! c'est votre ?... mes compliments !... Si je connais Oscar ? beaucoup !

OSCAR

C'est moi.

FURET, à Oscar.

C'est vous ? (A Mme Boucardier.) C'est lui ? (A Oscar.) C'est vous ? Vous êtes sûr ? Ah ! que c'est curieux ; plus je vous regarde, moins je vous reconnais... Je vois ce que c'est, je me suis trompé. Il y a deux noces dans la même rue... sur le même trottoir ; la mienne... c'est-à-dire... celle où l'on m'attend, est plus loin ; mais ce qui m'a induit en erreur c'est que la queue de leurs voitures va dans ce sens (il indique le fond gauche) et que la vôtre.. votre file de voitures, va dans ce sens là aussi ; alors, vous comprenez ?... Eh bien voilà ! je me suis trompé ; ce sera pour une autre fois. (A part.) C'est dommage, c'était un mariage riche. (Haut.) Au revoir Mesdames, Messieurs

(Il part dans la direction de la salle.)

Mme BOUCARDIER, GINETTE, OSCAR, effrayés.

Pas par là !

FURET, s'arrêtant au trou du souffleur.

C'est vrai... je vous demande pardon...
(Il sort par le fond.)

Mme BOUCARDIER

C'est un pique-assiettes...

SCÈNE X

Les mêmes, ANDRÉ, puis CHAPITEL

ANDRÉ, entrant, à Ginette.

Vous êtes bien gentille de vouloir me sauver la mise,
mais nous n'y arriverons pas.

Mme BOUCARDIER

C'est ce que je dis.

GINETTE

On ne sait pas! Pourquoi avez-vous quitté votre oncle? C'est imprudent.

ANDRÉ

Une complication. Pour donner plus de vraisemblance
à mon mariage, je lui avais écrit que mon professeur,
Durand, le savant docteur, serait mon premier témoin,
et mon oncle veut que je le présente tout de suite.

OSCAR

C'est embêtant, ça.

Mme BOUCARDIER, à Ginette.

Tu vois, déjà une difficulté.

GINETTE

Attendez donc ! (Remontant vivement et faisant signe au dehors.) Psst ! Psst ! Oui, vous ! arrivez !

Mme BOUCARDIER

Qu'est-ce que tu fais ?

GINETTE

Laissez ! laissez : (A Furet qui entre timidement.) Voulez-vous nous rendre un petit service ?

FURET

Pourvu que ce ne soit pas un service d'argent.

GINETTE

Vous pouvez disposer de toute votre journée ?

FURET

Et de la nuit aussi.

GINETTE

Parfait ! vous êtes de la noce.

FURET

De la noce jusqu'au bout ?

GINETTE

Vous partirez le dernier si ça vous va ?

FURET

Si ça me va ! Et qu'est-ce qu'il faudra faire pour ça ?

GINETTE

Voilà... vous... (Voyant Chapitel qui entre.) Ah ! trop tard

CHAPITEL, entrant.

Eh bien où est-il ? J'ai hâte de le voir, cet illustre savant.

GINETTE, montrant Furet.

Le voici ! (Bas) Cest vous le savant, je vous expli-. querai.

CHAPITEL, à Furet.

Enchanté de faire votre connaissance.

FURET, étonné.

Croyez que de mon côté...

CHAPITEL

Je suis fier de serrer la main à un flambeau...

FURET, à part.

Un flambeau qui a une main...

CHAPITEL

Un flambeau de la Faculté ; comme qui dirait à un amiral parmi les médecins ;... j'ai beaucoup entendu parler de vous à Bordeaux.

FURET

Vous me parlez en vain de Bordeaux ; je n'y connais personne.

CHAPITEL

Tout le monde vous connaît, voyons !...

FURET

Moi ?

GINETTE, qui a pu se placer près de lui.

Mais oui, le nom du docteur Durand, le savant profes-
. seur de la Faculté de Médecine de Paris est universel-
lement apprécié.

FURET, bas à Ginette.

Ah ! c'est moi le ?... (Ginette, fait oui de la tête.) (Furet, à
part.) Compris ! c'est une farce !

CHAPITEL

Et je suis heureux que vous ayez consenti à servir de
témoin à votre élève, mon brigand de neveu.
(Il désigne André.)

FURET

Mais non, le marié c'est...
(Il désigne Oscar.)

GINETTE, le tirant, bas.

Non, ce n'est plus lui.

FURET, à Chapitel.

Non, ce n'est plus lui. (Ginette l'arrête par le bras, vivement) (Bas en souriant.) Ah bon !c'est toujours la farce !
(Furet la rassure du geste.)

CHAPITEL, se présentant.

Hector Chapitel, ancien capitaine au long cours et pour l'instant, armateur à Bordeaux. Enchanté de naviguer en votre compagnie, mon cher Docteur; et puisque je vous tiens, vous allez me donner une petite consultation.

FURET

Une consultation? C'est que... je vais vous dire... de midi à deux heures... je suis fermé!...

CHAPITEL, qui lui a pris le bras.

Il n'est pas midi. Imaginez-vous que j'ai la goutte.

FURET

Une seule? il faut la garder !

(Ils remontent en causant.)

Mme BOUCARDIER

C'est insensé, où allons-nous ?

GINETTE

Eh bien! mais le coup est paré, c'est le principal.

Mme BOUCARDIER

Oui, mais à l'église, comment ferons-nous?

GINETTE

Il ne faut pas qu'il y vienne, voilà tout. Nous allons achever nos préparatifs et filer à l'anglaise. Une fois la cérémonie terminée, on viendra le délivrer.

Mme BOUCARDIER

C'est un peu raide.

OSCAR

Tant pis !... Cent mille francs ça en vaut la peine.

GINETTE

Et puis, nous n'avons pas le choix des moyens. Maintenant, il s'agit de le faire entrer dans la maison, pour que nous puissions filer ; je m'en charge. Allez prévenir tout le monde.

Mme BOUCARDIER

C'est de la folie.

OSCAR

Oui, mais ça peut réussir... on ne sait jamais...
(Mme Boucardier, André et Oscar entrent dans la maison.)

SCÈNE XI

CHAPITEL, FURET, GINETTE

GINETTE, s'approchant de Chapitel.

Ah ! mon oncle, nous sommes impardonnables ; vous devez mourir de soif.

CHAPITEL

Non.

GINETTE

Si, si, avant de partir il faut que vous preniez un verre de madère, avec un biscuit.

CHAPITEL

Du madère ? C'est qu'à cause de ma satanée goutte...

GINETTE

Ça ne peut pas vous faire de mal. (A Furet.) N'est-ce
pas docteur ?... (Furet ne bouge pas.) N'est-ce pas Docteur ?

FURET, à part.

Ah ! oui ! oui ! C'est vrai je suis docteur...

GINETTE

N'est-ce pas que le madère ne peut pas lui faire de
mal ?

FURET

Au contraire ; le madère, pour la goutte, c'est tout indi-
qué. On dit toujours... : une goutte de madère...

N° 5. GINETTE

Air :

Acceptez, mon oncle, acceptez !
Une toute
Petite goutte !
Ou si vous préférez
Un plein grand verre ;
C'est anodin, car le madère
Quand on en boit
N'a jamais fait de mal à qui que ce soit !
Buvez le fin nectar limpide,
Brille en reflets ambrés
Où vous reconnaîtrez mon sourire candide...
Buvez ! vous sentirez une douce chaleur...
C'est la tendresse
De votre nièce
Hier encore, une inconnue
Qui vous souhaite de tout cœur
La bienvenue !

Allons ! soyez gentil
Laissez vous faire,
Car on ne veut ici
Que vous aimer, que vous complaire...
Que vous choyer
Vous dorloter.
Pour que, de retour au logis,
Dans votre Gironde
A la vigne blonde
Vous regrettiez notre Paris (*bis*)...
Buvez, oui, mon oncle buvez,
Une toute
Petite goutte,
Ou si vous préférez
Un plein grand verre...
C'est anodin, car le madère,
Quand on en boit,
N'a jamais fait de mal à qui que ce soit !...

CHAPITEL

Évidemment ma chère Ginette, ce serait avec plaisir, mais mon Docteur m'a bien recommandé...

FURET

Ah ! bien ! Si vous écoutez les médecins, alors...

CHAPITEL

C'est drôle ce que vous dites là... vous, un Docteur !

FURET

C'est encore plus drôle que vous ne le pensez.

CHAPITEL, à Furet.

Non, mais vraiment, vous m'affirmez qu'on peut aller de l'avant ?

FURET

A toute vapeur! J'en boirai avec vous pour vous
donner l'exemple ; là...

CHAPITEL

Alors, je me laisse faire...

GINETTE, bas à Furet.

Et n'ayez pas peur de lui en verser...

FURET, bas.

Soyez tranquille ! Comme s'il en pleuvait !...

(Ils entrent tous les deux dans la maison.)

SCÈNE XII

GINETTE, puis ANDRÉ, OSCAR, ROBERT
Mᵐᵉ BOUCARDIER, FRANÇOISE, ODETTE, TOUS
LES INVITÉS, puis FURET

GINETTE

Maintenant il s'agit de filer pour l'église, sans que
l'oncle d'André ne s'aperçoive de rien...

(Elle fait signe au dehors, tout le monde entre en scène.)

Nᵒ 6 FINALE

GINETTE, OSCAR et ANDRÉ, à mi voix.

Chacun donnant le bras à sa chacune
A la blonde l'un et l'autre à la brune,

Tout doucement amis, éloignons-nous :
   Surtout que l'on se taise
   Filons tous à l'anglaise
   En hâte, suivez-nous.

TOUS, en sourdine.

Chacun donnant le bras à sa chacune
A la blonde l'un et l'autre à la brune,
Tout doucement amis, éloignons-nous :
   Surtout que l'on se taise

GINETTE

Filons tous à l'anglaise

TOUS

Et suivons les époux !

GINETTE, mystérieusement.

Allons, en route à petits pas,
Pour l'église, en voiture !
Surtout ne soyez pas
Surpris outre mesure...
Chers parents, chers amis,
Lorsque l'on se marie
Un brin de fantaisie
N'est-ce pas, est permis ?
Qu'ici chacun sache se taire !
Sans bruit de pas, sans bruit de voix !
Comme l'amour parfois
L'hymen veut du mystère !

FURET, sortant du pavillon avec précaution, bas, parlé.

Ça y est ! Il boit comme une éponge. Je l'ai enfermé
là-haut.

GINETTE

Bravo ! fermez la porte d'en bas aussi.

FURET, fermant.

Cric ! crac !

GINETTE

Et la clé dans votre poche.

FURET, la mettant.

C'est fait !

GINETTE

Alors, en route !

TOUS, reprise du chant.

Qu'ici chacun sache se taire
Sans bruit de pas, sans bruit de voix !
Comme l'amour, parfois,
L'hymen veut du mystère !

(Tout en chantant ils se sont placés deux par deux et sont sortis
par la grille puis disparaissent, les voix allant en *decrescendo*.
Furet a donné le bras à Mme Boucardier.)

FRANÇOISE, qui est sortie la dernière ; parlé sur la musique.

La grille aussi, c'est plus prudent !

(Elle ferme la grille et disparaît. La scène reste vide un instant
pendant que la musique continue, enchaînant avec le chant
suivant.)

SCÈNE XIII

CHAPITEL puis SIMONNE, puis des PASSANTS, des PASSANTES, PETITS MARMITONS puis un SERRURIER

CHAPITEL, paraissant à la fenêtre du balcon et regardant.

Comment ! Personne ! Eh là ! Ginette !...
Non ! j'ai beau crier à tue-tête...
(Il disparaît de la fenêtre et on l'entend qui secoue la porte.)
Docteur ! quelqu'un ! Mais venez donc !
(Il reparaît à la fenêtre.)
Hola ! hola ! Répondra-t-on ?...

SIMONNE, venant du jardin, à gauche.

C'est vous, Monsieur, qui criez de la sorte ?

CHAPITEL

C'est moi ! De grâce ouvrez-moi donc la porte...

SIMONNE, montant le perron.

Volontiers !... Mais la clé n'est pas là...

CHAPITEL

Bah ! je ne m'émeus pas pour ça.
Hop là !
(Il enjambe la fenêtre, descend le long du mur et saute
sur la scène.).

CHŒUR DES INVITÉS, à la cantonade.

Chacun donnant le bras à sa chacune,
A la blonde l'un et l'autre à la brune,
Joyeusement ébattons-nous !
Plus besoin de se taire,
Sans ruse, sans mystère
Suivons tous les époux !

CHAPITEL, prêtant l'oreille.

Mais c'est la noce !

SIMONNE

Elle est partie ?... Alors André ?

CHAPITEL

Là-bas aussi, car c'est le marié.

SIMONNE

Lui ! le marié ! mais c'est atroce,
     C'est une farce, un jeu.

CHAPITEL

Non pas, j'en suis bien sûr, puisqu'il est mon neveu !

SIMONNE

Ah ! le gredin ! Il m'a roulée, infâme !

CHAPITEL

Eh ! calmez-vous Madame !

SIMONNE

Ah ! je me vengerai !
A l'église je cours...

CHAPITEL

Je vous devancerai...
(Allant à la grille qu'il ne peut ouvrir.)
Bon Dieu !

SIMONNE, même jeu.

Fermée !

CHAPITEL

Alors je grimperai...
(Il commence à escalader la grille.)

SIMONNE, voyant la cloche.

La cloche ! Et moi je sonnerai
(Elle sonne à tour de bras.)
Ding, ding, dong !

CHAPITEL

Taisez-vous donc !

SIMONNE, sonnant toujours.

Dig, ding, dong !

CHAPITEL

Vous allez subito
Ameuter tout le populo !

SIMONNE, sonnant.

Dig, ding, dong !

(De l'autre côté de la grille apparaissent des passants,
des passantes, marmitons, etc.)

LA FOULE

Voilà ! Voilà ! Voilà !
Que se passe-t-il là ?

SIMONNE

Au secours !

LA FOULE, voyant Chapitel agrippé à la grille.

Ciel ! un voleur !
(Ils le saisissent par les jambes à travers la grille.)
Ah ! Madame, n'ayez plus peur !

CHAPITEL, gigotant.

Moi ! voleur ! un ancien capitaine au long cours ?

LA FOULE, tenant toujours les jambes de Chapitel.

Assez, assez de rouspétance !
Te voilà pincé, mon garçon...
Inutile la résistance
Nous te tenons, nous te tenons !
(Un serrurier a ouvert la grille.
La foule descend en scène et se précipite sur Chapitel.)
Ah ! Madame n'ayez plus peur !
Nous avons pincé le voleur !

CHAPITEL, parlé, se débattant.

Voulez-vous bien me ficher la paix, tas d'imbéciles !

LA FOULE, maintenant Chapitel qui se démène
comme un beau diable.

Assez, assez de rouspétance !
Te voilà pincé, mon garçon...
Inutile, la résistance...
Nous te tenons, nous te tenons !...

(Lutte de Chapitel contre la foule qui le hue et veut l'emmener.
Simonne pendue à la cloche sonne toujours à toute volée.)

TABLEAU

RIDEAU

ACTE II

Grand salon richement meublé. A gauche, 2ᵉ plan, en pan coupé, porte d'entrée donnant sur l'antichambre. Au 1ᵉʳ plan, porte d'un petit salon. Au fond, grande porte à deux battants avec tenture. A droite, deux portes aux 1ᵉʳ et 2ᵉ plans.

SCÈNE PREMIÈRE

BERNARD, DOMESTIQUES, puis FRANÇOISE,
puis JOLIBOIS et MARTINET.

(Au lever du rideau, Bernard, très affairé, stimule des domestiques qui, venant de droite, 2ᵉ plan, portent des assiettes et de plats garnis de pâtisseries variées.)

CHŒUR

Vite allons ! servons avec zèle,
Gâteaux, vins, fruits et cœtera !
Espérons que la clientèle,
D'un bon pourboire nous paiera !

(Ils vont entrer dans la salle à manger au fond, quand paraît Françoise qui les arrête du geste.)

FRANÇOISE

Arrêtez,
Permettez,

Il faut d'abord que je m'assure
Si le dessert est suffisant,
Dans un dîner, c'est important...

(Examinant les assiettes.)

Il a, ma foi, bonne figure.

Grands feuilletés et massepains,
Moelleux biscuits et gâteaux fins,
Pâtes de fruits et confitures,
Raisins dorés, poires bien mûres,
Mousse au chocolat,
Godets au nougat,
Fromage à point, sous une cloche !
Tout est fort bien et rien ne cloche !...
Allez !
Servez !

REPRISE DU CHŒUR

Vite ! allons ! servons avec zèle ; etc...

(Les domestiques sortent, excepté Françoise.)

SCÈNE II

FURET, FRANÇOISE, puis CHAPITEL

FURET, entrant une serviette au cou, à Françoise.

Ah ! on vient d'apporter le dessert. Vous allez pouvoir respirer un peu... et dîner à votre tour ; après un coup de feu pareil, vous devez en avoir besoin.

FRANÇOISE

Le fait est qu'on a un peu l'estomac dans les talons.

FURET, avec intention.

Eh! je ne trouve pas! Il en reste ! (Il lui pousse une botte.) Dites donc, est-ce que c'est pour la noce ces deux agents de police qui sont de planton sur le palier?

FRANÇOISE

Ah! il y a des agents ce soir? C'est à cause de Mme Diane de Juvisy, la locataire du dessus ;.. c'est une...

FURET

Je devine... une cocotte ;.. ce nom-là ne m'est pas inconnu ; de Juvisy... vieille noblesse de chemin de fer.

FRANÇOISE

Son protecteur est un gros bonnet de la police ; comme il a une femme très jalouse, chaque fois qu'il vient chez sa poule, il poste des agents dans l'escalier...

FURET

Pour l'empêcher de monter si elle arrivait à l'impro- viste? Pas bête son truc au gros bonnet... et si tous les maris en bonne fortune pouvaient en faire autant, c'est ça qui diminuerait le nombre des flagrants délits ; seu- lement c'est impossible... la Préfecture n'aurait jamais assez de personnel pour ça !

FRANÇOISE

Pour sûr !

FURET

Il y en a un qui a de bien belles moustaches...

FRANÇOISE

De belles moustaches ! (Entr'ouvrant la porte.) Ah ! oui, voilà ce que j'appelle des moustaches ! oh ! un homme comme ça ferait de moi ce qu'il voudrait !

FURET

Mais ne négligeons pas mes fonctions... c'est là le petit salon ?

FRANÇOISE

Oui ! Monsieur le Docteur...

FURET

Vous y servirez le café tout à l'heure quand on vous le dira, n'est-ce pas ?

FRANÇOISE

C'est entendu Monsieur le Docteur.

(Elle sort.)

FURET, à Chapitel qui paraît.

Comment ! vous quittez la table au moment du dessert ?

CHAPITEL

Dites-moi, mon cher maître, depuis que vous êtes là vous n'avez pas vu une petite dame aux allures tapageuses ?

FURET

Non, je n'ai vu personne.

CHAPITEL

Tant mieux ! parce que...

FURET

Vous m'excusez ! J'ai idée que les glaces doivent fondre, et un dîner sans glace c'est un feu d'artifice sans bouquet ; pour un vieux sybarite comme moi il me manquerait quelque chose (Il va pour sortir et se heurte à André.) Oh ! pardon !

(Il disparaît.)

SCÈNE III

ANDRÉ, CHAPITEL

ANDRÉ, à Chapitel.

Seriez-vous indisposé mon oncle ? A chaque instant vous vous levez de table, l'air inquiet.

CHAPITEL

A cause de toi ; je t'ai raconté ma mésaventure... enfermé par erreur, pris pour un malfaiteur, emmené au poste avec ta petite amie Simonne. Elle était dans un tel état de surexcitation que j'ai prié le commissaire de police de la retenir dans la crainte qu'elle ne vienne ici faire du scandale.

ANDRÉ, à part.

Pauvre Simonne !

CHAPITEL

Seulement, il ne peut pas la retenir indéfiniment, elle peut arriver d'un instant à l'autre. Tu vois d'ici la tête de Ginette et de ta belle-mère ?... Je ne vis pas.

ANDRÉ

Ne vous tourmentez pas, mon oncle.

CHAPITEL

Quand on a un fil à la patte, on le coupe avant de se
marier que diable ! Dans tous les cas, pour parer le
coup... s'il arrivait un grain, tu vas me faire le plaisir
d'être plus aimable que ça avec Ginette.

ANDRÉ

Mais, je le suis.

CHAPITEL

Tu n'es pas difficile ! Je vous ai observés tout le temps
du dîner... c'est à peine si vous avez échangé une bor-
dée de cinq à six mots... Et dame ! deux mariés, on est
plus bavards que ça, saprelotte !

ANDRÉ, protestant.

C'est que devant le monde !

CHAPITEL

Ah ! c'est ça ? alors je vais vous arranger tout à l'heure
un petit tête-à-tête...

ANDRÉ

Je vous assure, mon oncle...

CHAPITEL

Tu me remercieras après. Je te rejoins dans un instant.

SCÈNE IV

Les Mêmes ; GINETTE, Mme BOUCARDIER, OSCAR
ROBERT, ODETTE, JEANNE, invités

ROBERT, entrant par le fond, suivi par Mme Boucardier et tout
le monde.

Mais ma tante, ça se fait dans les meilleures sociétés...
J'en appelle à M. Chapitel.

CHAPITEL

Quoi donc ?

ROBERT

La jarretière de la mariée sous la table ; ce sont les
petits bénéfices du garçon d'honneur, pas vrai?

OSCAR

Permettez ! ça déplaît au marié...

CHAPITEL, à André

Ça te déplaît ?

OSCAR

C'est à moi que ça déplaît.

CHAPITEL

Ce n'est pas votre affaire, ce n'est pas vous le marié...

CHAPITEL

C'est un usage fait pour plaire,
Et, de plus, qui remonte loin ;
De la mariée avec soin
On doit cueillir la jarretière ;
Dans ce cas, c'est l' garçon d'honneur
Qui, se glissant dessous la table
S'en va fur'ter en tâtonneur
Le long d'une jambe adorable...
Il est très rouge, il a très chaud,
La chose est facile à comprendre,
Mais avant tout il doit s'y prendre,
S'y prendre en jeune homme comme il faut.

Chœur

Et pendant qu'il cherch' la jarretière
De bas en haut, de haut en bas,
Faut qu' la mariée ne le sent' guère !... (*bis*)
Faut qu' la mariée ne le sent, pas !...

GINETTE

A la noce de Nicolette,
L' garçon d'honneur, c'était Thomas,
Un beau cousin qui n'était pas
Trop détesté de la fillette...
Elle se laissait explorer,
Thomas s'perdait dans la dentelle,
Tant qu'il finit par murmurer :
Diabl' de jarr'tière ! Où donc est-elle ?
Or, vu la pos' du jouvenceau,
Sa voix n' se faisait pas bien entendre,
Et Nicolett', sans trop comprendre,
Lui dit : « Plus haut ! Thomas, plus haut !

CHŒUR

Croyant qu'ell' parlait d' la jarretière,
Thomas laisse monter son bras
Jusqu'où ? Ben dame !... On ne l' sait guère !... (*bis*)
Jusqu'où ? Ben dame ! On ne l' sait pas !...

FRANÇOISE, entrant.

Le café est servi.

Mme BOUCARDIER

Allons le prendre.

OSCAR, offrant le bras à Ginette.

Ma' chère Ginette.

CHAPITEL, les séparant.

Ah ! non !... non... tout à l'heure, le garçon d'honneur... tout à l'heure !...

OSCAR, protestant.

Mais...

CHAPITEL

Nous sommes tout le temps là à cramponner les
jeunes époux, à faire escadre avec eux, ils ont des con-
fidences à se communiquer, ces enfants-là. Aussi je
propose qu'on démarre quelques instants et qu'on les
laisse seuls ici.

OSCAR, protestant de plus belle.

Ah ! non... non...

CHAPITEL

Quoi ?

OSCAR

Rien.

CHAPITEL, bas à André.

Et sois aimable, chaud !... chaud !... (Offrant son bras à Mme Boucardier.) Madame Boucardier !...

(Odette et Jeanne prennent le bras d'Oscar et l'entraînent. Ils sortent tous avec les invités, sauf Ginette et André.)

SCÈNE V

GINETTE, ANDRÉ

ANDRÉ

Voilà un tête-à-tête qui ne paraît pas faire plaisir à Oscar !

GINETTE, légèrement grise.

Qui ça Oscar ? (Riant.) Tiens, c'est vrai au fait, c'est mon mari ; c'est drôle je n'y pensais plus !

(Elle rit.)

ANDRÉ, à part.

Ma parole, elle est grise !

GINETTE

Grise ? Oh ! ne dites pas non, je vous ai entendu ; mais non je ne suis pas grise.

ANDRÉ, à part.

Pauvre petite, elle n'a pas l'habitude !

GINETTE

Et quand même je le serais... le jour de mon mariage c'est permis. En tous cas, vous n'aurez rien à vous reprocher, ce n'est pas de votre faute.

ANDRÉ, à part.

Ah ! ça non !

GINETTE

Chaque fois que je vous demandais du champagne vous faisiez semblant de ne rien entendre !

ANDRÉ, à part.

Pour sûr !

GINETTE

Et c'est si bon le champagne ! J'aime ça, moi le champagne !... Ça pique, ça mousse, heureusement votre oncle m'en a versé !

ANDRÉ

Trop !

GINETTE

Non, pas trop ! c'est comme les truffes ! Hum ! c'est exquis, ça, les truffes ! Et toutes les fois qu'on allait me présenter le plat, vous disiez non au maître d'hôtel !

ANDRÉ, à part.

Tiens ! pour que ça profite ce soir à son imbécile de mari ! merci bien !

GINETTE

Heureusement, votre oncle m'en a passé en cachette.
Et ce que vous étiez vexé !... (Elle rit.) Vous faisiez une
tête !... Si vous aviez pu vous voir ? (Elle rit aux éclats puis
s'arrête brusquement.) Mais qu'est-ce que vous avez ?

ANDRÉ

Rien...

GINETTE

Si, si, vous avez quelque chose ?

ANDRÉ

Je vous assure...

GINETTE

Comme vous mentez bien !

ANDRÉ

Eh bien ! oui, c'est vrai, je réfléchis...

GINETTE

A quoi ?

ANDRÉ

Je pense qu'en ce moment, je suis heureux, bien heu
reux auprès de vous, Ginette.

GINETTE

Moi aussi, André, auprès de vous, je suis heureuse,
bien heureuse !

ANDRÉ

Et que tout à l'heure cet Oscar...

GINETTE

Eh bien quoi ? qu'est-ce qu'il fera cet Oscar ?

ANDRÉ

Ce qu'il fera ? (Se ressaisissant.) Rien! pendant que je rentrerai seul chez moi, tout seul !

GINETTE

Tout seul, c'est vrai. Pauvre André ! ça n'est pas gai d'être seul !

ANDRÉ

Oh ! non, ça n'est pas gai!

GINETTE

Seulement, vous l'aurez bien voulu, par exemple !

ANDRÉ

Comment ça ?

GINETTE

Oui, vous l'aurez bien voulu!... Il y avait un moyen bien simple d'être deux, et plus tard, davantage encore... Il fallait vous marier...

ANDRÉ

Me marier?

DUO

C'est une idée... Et je commence
A penser qu'en effet, peut-être, il est très doux
A deux de mener l'existence...

GINETTE

A deux ?

ANDRÉ

Par exemple avec cous...

GINETTE

Avec moi?...

ANDRÉ

Pardonnez-moi si j'ose...

GINETTE

Bah ! j'en épouse un autre... Et sur ma foi !
A me parler de moi
Vous ne pouvez risquer grand chose... ah! ah!

ANDRÉ

Vous riez ?
Et cependant d'un tête-à-tête
Où vous seriez
Ma compagne, Ginette,
Si le destin me faisait don,
Je dirais...

GINETTE

Que diriez-vous donc?

ANDRÉ

Dans la chambre aux persiennes closes
Je lui dirais de douces choses,
De ces mille riens amoureux
Que l'on ne chuchote qu'à deux...

GINETTE et ANDRÉ

De ces mille riens amoureux
Que l'on ne chuchote qu'à deux...

ANDRÉ

Dans mes bras, je prendrais l'aimée,
Toute rosée et parfumée,
Contre moi la serrant bien fort,
Jalousement comme un trésor...

GINETTE

Contre lui me serrant très fort,
Il me tiendrait comme un trésor.

ANDRÉ

Puis tout se tairait,
Et, dans la pénombre
Le bruit s'entendrait
Des baisers sans nombre,
Qu'on échangerait...

GINETTE, s'éloignant.

(Il s'est approché d'elle et l'embrasse sur les lèvres
qu'elle lui a tendues inconsciemment.)

Eh ! là ! mais nous perdons la tête !
André !... André !... que faisons-nous ?

ANDRÉ

L'illusion était complète,
Et le mirage était si doux,
Qu'il me semblait, audace extrême,
De tout regard bien à l'abri,
Que nous étions femme et mari...

GINETTE

Un instant, je l'ai cru moi-même...

ANDRÉ

Et de mon cœur, n'étouffant plus le cri,
J'allais dire : Ginette ! je vous aime...

GINETTE

André ! Oui !... je vous aime...

ENSEMBLE

Puis tout se tairait,
Et, dans la pénombre,
Le bruit s'entendrait
Des baisers sans nombre
Qu'on échangerait !...
(Après le duo, on entend une valse à la cantonnade.)

GINETTE

Vous entendez ? une valse !... la première !... André,
je veux la danser avec vous ! Il me semble que cela
nous portera bonheur !...

ANDRÉ

Allons !...

(Ils sortent en valsant par le fond.)

SCÈNE VI

CHAPITEL, FURET

FURET, entrant une glace à la main.

La glace à la vanille, c'est bon, certes... mais une
glace au citron, c'est encore meilleur ;... au fait, pour ne
pas faire de jaloux, tout à l'heure je reprendrai des
deux...

CHAPITEL, entrant et apercevant Furet.

Ah ! docteur ! je ne suis pas fâché de vous voir...

tout à l'heure, vous avez filé si rapidement que je n'ai pas eu le temps de vous dire...

FURET

Quoi donc, cher ami?

CHAPITEL

J'ai de loin en loin un élancement... ça me picote;... mais ce n'est plus dans la jambe comme ce matin (montrant son côté gauche.) C'est là à bâbord.

FURET

C'est le foie...

CHAPITEL

Le foie? Mais le médecin du bord prétendait...

FURET

Qu'il est à droite? Dame! pour çà les médecins ne sont pas d'accord, comme les grammairiens; il y a deux écoles : les uns prétendent avec Esculape qu'il est à droite, les autres soutiennent avec le vieil Hippocrate qu'il est à gauche, au contraire. D'ailleurs, ils ont raison tous les deux...

CHAPITEL

Comment çà ?

FURET

Eh ! oui parbleu ! Vous êtes très intelligent, vous allez me comprendre ! (à part.) Qu'est-ce que je vais lui dire ? (Haut.) Eh bien ! ça dépend tout simplement de la façon dont ils sont placés quand ils examinent le malade (se mettant à la droite de Chapitel.) Ainsi à présent votre foie est là à gauche n'est-ce pas ? (Changeant de place) et maintenant, le voilà à droite. Vous avez le foie baladeur...

CHAPITEL

C'est vrai... Mais voyons, docteur, nous sommes

seuls, je suis un vieux loup de mer, je ne me frapperai pas... soyez franc, qu'est-ce que j'ai ?

FURET

Vous me demandez d'être franc ?

CHAPITEL

Je vous en prie... qu'est-ce que j'ai ?

FURET

Ce que vous avez ? Hem ! hem !... Rien ! Quand je dis rien, je veux dire pas grand'chose... mais quelque chose tout de même.

CHAPITEL

De grave ?

FURET

Euh ! couci couça... Un peu d'artério-scléroso-dactylo malaryngite aiguë.

CHAPITEL

Dites donc, c'est bigrement long le nom de cette maladie là.

FURET

Oui mais pas à guérir quand c'est moi qui la soigne... et vous tombez bien... L'artério-scléroso-dactylo malaryngite aiguë, c'est justement là-dessus que j'ai passé ma thèse de doctorat. Ah mon ami ! quel succès ! J'ai épaté le Jury, il en était bleu, il m'a donné rien que des boules blanches !

CHAPITEL

Vrai ? Ah ! docteur, vous me voyez tout ! rasséréné !

FURET

Si serein que ça ?

CHAPITEL

Oui, vous me rassurez tout à fait... Vous me remettez dans mon assiette.

FURET, à part.

J'ai hâte de retourner devant la mienne...

CHAPITEL

Aussi, je viendrai vous voir à mon premier voyage à Paris pour que vous me remettiez d'aplomb !

FURET

En cinq secs !

CHAPITEL

Vous avez une carte de visite ?

FURET

Une carte de visite ? Ah non ! j'ai oublié d'en prendre... mais vous trouverez mon adresse dans *le Tout-Paris*, *l'Annuaire du Téléphone* ou dans *l'Agenda des célébrités*.

CHAPITEL

Oui au fait...

FURET, à part.

Comme il y a une douzaine de docteurs Durand au moins, je suis bien tranquille... et ça le promènera...

CHAPITEL, prenant son portefeuille.

Permettez !

FURET, à part.

Il va me donner vingt francs... c'est canaille ce que tu fais là, Furet... Peux-tu accepter sans être une fripouille mon garçon, peux-tu ?

CHAPITEL, donnant un billet.

Voilà !

FURET, à part prenant le billet.

Cent francs! Bigre ! je puis ! je puis !

(Il met le billet dans son portefeuille.)

CHAPITEL

Ce n'est peut-être pas assez?

FURET

C'est trop, au contraire, beaucoup trop. (A part.) J'ai des remords...

CHAPITEL

Ah non ! non ! Ne le répétez pas, ou je vous en donne un autre.

(Il fait mine de fouiller dans son portefeuille.)

FURET, avec intention.

C'est trop... beaucoup trop !... (Voyant Chapitel qui remet tranquillement son portefeuille dans sa poche, à part.) Zut ! ça n'a pas pris !... (Marchant derrière Chapitel qui se dirige vers la porte premier plan.) C'est trop, beaucoup trop !

(Ils sortent tous les deux.)

SCÈNE VII

GINETTE, entrant avec Oscar.

Qu'avez-vous, Oscar, à faire cette tête-là depuis dix minutes?

OSCAR

J'ai qu'il est assommant ce vieux marsouin-là !... Vous forcer à embrasser son neveu devant tout le monde !

GINETTE

Pour lui, c'est mon mari.

OSCAR

J'ai failli éclater. Heureusement, je me suis retenu.

GINETTE

A cause des cent mille francs?

OSCAR

Bien sûr!... mais il est temps que cela finisse. Sans être jaloux, c'est toujours désagréable de jouer un rôle ridicule. C'est vrai, moi, le mari, j'ai l'air d'un figurant, d'un invité sans importance.

GINETTE

Un peu de patience, puisqu'il va aller reprendre son train à onze heures...

OSCAR

Pourvu qu'il n'oublie pas de vous remettre le chèque! Après il s'en ira au diable, ce ne sera pas trop tôt!... Je pourrai reprendre ma place auprès de vous, et vous dire...

GINETTE

Quoi?... Il me semble qu'en ce moment nous sommes seuls, Oscar, c'est notre premier tête-à-tête. Profitons-en pour causer un peu; on a tant de choses à se raconter...

OSCAR

Évidemment qu'on a un tas de choses...
(Silence.)

GINETTE

C'est tout ce que vous trouverez à me dire, le soir, quand nous serons mariés?

OSCAR

Dame ! je ne sais pas !...

GINETTE

Je sais, moi... Voulez-vous que je vous le dise ?

DUO

GINETTE

Dans la chambre aux persiennes closes
Vous me diriez, entre autres choses,
En les chiffrant avec amour,
Les achats, les ventes du jour !...

OSCAR

Je chiffrerais avec amour
Les achats, les ventes du jour...

GINETTE

Vous me diriez, ma bonne amie,
Grâce à beaucoup d'économie,
De quinze cents francs, au bas mot,
Ce soir s'arrondit le magot...

OSCAR

C'est ça ! Parfait !... Amoroso !
On calculerait le magot !...

GINETTTE

Puis on se tairait,
Et, dans la pénombre,
Le bruit s'entendrait
Des écus sans nombre
Que l'on compterait !

OSCAR

Bravo ! petite mariée,
C'est surprenant, vraiment,
Comme, dans ma pensée,
Vous lisez clairement !

GINETTE

Puis, n'ayant plus rien à faire
Chacun file à son dodo…

OSCAR

Encore bravo, ma chère !

GINETTE

On soufflerait la lumière…

OSCAR

On fermerait la paupière…

GINETTE

C'est plein d'intérêt !…

ENSEMBLE

Puis, tout se tairait,
Et dans la pénombre,
Le bruit s'entendrait
D'un ronflement sombre…
Car on dormirait !

OSCAR

Voilà, c'est tout à fait ça !

GINETTE, à elle-même.

Quelle différence !

SCÈNE VIII

LES MÊMES; Mme BOUCARDIER, puis ROBERT

Mme BOUCARDIER, entrant.

Eh bien! mes enfants, qu'est-ce que vous faites?... M. Chapitel s'étonne de ne pas voir Ginette avec son mari.

OSCAR

Il nous embête le cachalot!...

Mme BOUCARDIER

Écoutez donc, il ne sait pas.

OSCAR

Ce que je sais, moi, c'est que je l'ai assez vu !

Mme BOUCARDIER

Ne dites pas ça, c'est un homme charmant!

OSCAR

Ce brutal ! Vous n'êtes pas difficile!

Mme BOUCARDIER, à Ginette.

Je ne déteste pas cette brusquerie, cette énergie qui faisaient tant défaut à ton pauvre père.

OSCAR

Ah ! non ! dites donc, belle-maman, pas de bêtises, hein ?

Mme BOUCARDIER

Quoi ?

OSCAR

Vous parlez de cet ex-loup de mer avec une chaleur !
Il ne faudrait pas vous emballer...

Mme BOUCARDIER

Eh !... ce serait un mari très présentable !

OSCAR

J'espère que ce n'est pas sérieux !... Vous ne songez
pas à vous remarier ?...

GINETTE

Si ça faisait plaisir à maman, pourtant !

Mme BOUCARDIER

J'en ai le droit...

OSCAR

Ça dépend.

Mme BOUCARDIER

Une veuve est libre...

OSCAR

Pas quand elle a un gendre. Les affaires sont les
affaires !

GINETTE

Alors, pour vous, le mariage est une affaire ?

OSCAR

Dame ! lorsque j'ai demandé votre main, si Mme Boucardier m'avait dit : il serait possible que je me rema-
riasse...

GINETTE

Vous n'auriez pas insisté ?

OSCAR

Je ne dis pas ça, ma chère Ginette... Je suis très heureux, au contraire, de vous avoir épousée...

GINETTE

Avec une dot et des espérances... sans cela il n'y avait rien de fait...

OSCAR

Dame ! Écoutez donc !

GINETTE, un peu vexée.

Oh ! je vous écoute... et je vous comprends surtout ; vous êtes d'une délicatesse...

OSCAR

Je ne croyais pas vous froisser.

GINETTE, avec un soupir, à part.

Oh ! oui, quelle différence !!
(Entre Robert.)

ROBERT

Dites donc ma cousine, c'est une valse !...
(On entend la musique à la cantonade.)

OSCAR, à Robert.

Ah ! je ne suis pas fâché de vous voir...

ROBERT

Moi non plus, mon cousin.

OSCAR

Je vous en supplie, faites attention... Tout à l'heure, vous m'avez appelé le marié devant M. Chapitel... Il était distrait heureusement... mais il n'en faudrait pas plus pour qu'il se doute de quelque chose...

GINETTE

Et il ne donnerait pas le chèque ?

OSCAR

Tiens !... aussi, je vais bien recommander à tous les invités...

Mme BOUCARDIER

Quoi ? qu'est-ce que vous allez leur dire aux invités ?

OSCAR

Que quoi qu'il arrive, et tant que ce monsieur sera là, c'est M. André qui est le mari de ma femme...

Mme BOUCARDIER

Vous le leur avez déjà dit tout à l'heure.

OSCAR

Il est bon de le leur rappeler...

GINETTE

On ne saurait prendre trop de précautions, n'est-ce pas ?

OSCAR

Dame !

(On entend la musique de bal dans le salon.)

ROBERT, offrant le bras à Ginette.

Ma cousine !...

Mme BOUCARDIER

Votre bras, Oscar...

OSCAR

Voilà, belle-maman !...

GINETTE, ironique.

Belle-maman !... Prenez garde, Oscar ! si M. Chapitel était là...

OSCAR

Bigre ! c'est vrai !...

(Ils sortent par le fond ; au même moment, paraît Chapitel par la gauche.)

SCÈNE IX

CHAPITEL, puis SIMONNE un instant, puis FURET

CHAPITEL

Je viens de faire la leçon à mon neveu... Il m'a juré de ne plus penser à cette Simonne... D'ailleurs, on ne l'a pas revue... c'est qu'elle est allée bourlinguer ailleurs, c'est bon signe ! (Bruit de voix à la cantonade.) Hein ?...

SIMONNE

Et moi, je vous dis que j'entrerai...

(Elle entre retenue par deux domestiques.)

CHAPITEL

Elle !... (Aux domestiques.) C'est bien, laissez-nous !... (Les domestiques sortent. A Simonne.) Et vous, pas de scandale ! Voyons !... qu'est-ce que vous voulez ?

SIMONNE

Voir André...

CHAPITEL

Plus tard... Pour le moment, allez louvoyer ailleurs...

SIMONNE

Pensez-vous !... Je veux le voir, je vous dis... et je le verrai, où est-il ?
(Elle va vers le fond.)

CHAPITEL, la rattrapant.

Non... pas par là... Par ici !... c'est le fumoir... il y a des cigares !
(Il la pousse vers la porte de gauche et l'enferme.)

SIMONNE, secouant la porte.

Voulez-vous bien m'ouvrir ?...

CHAPITEL

Tout à l'heure... Seulement pas d'esclandre... Si vous êtes bien sage, je vais aller le chercher... (A part.) Compte là-dessus... (Quittant la porte que Simonne secoue toujours.) Il faudrait quelque chose pour la calmer (Voyant entrer Furet qui déguste une glace) Ah ! le docteur !... Vous mangez donc toujours ?...

FURET

Non, c'est une glace... il en restait encore deux à solder, je me suis dévoué,.. c'est excellent pour la digestion...

CHAPITEL

Docteur, j'ai besoin de vous.

FURET

Pourquoi ?...

CHAPITEL

La petite amie de mon neveu est là, à côté, dans un de ces états...
(A ce moment, Simonne secoue la porte avec rage.)

FURET

Je l'entends !...

CHAPITEL

Alors, pour la calmer, j'ai pensé à vous...
(Simonne secoue de nouveau la porte.)

FURET

Qu'elle vienne demain à ma consultation, je l'ausculterai, et...

CHAPITEL

Quand elle aura démoli toute la cambuse, il sera bien temps ! (Lui montrant une chaise près du guéridon.) Tenez ! asseyez-vous là !

FURET

Merci, je ne suis pas fatigué.

CHAPITEL

Il y a justement de quoi écrire... et confectionnez-moi une ordonnance soignée.

FURET, à part.

Diable !... Je n'avais pas pensé à ça !...

CHAPITEL

Une potion calmante... très calmante.

FURET

Croyez-vous que ce soit bien utile ?...

CHAPITEL

Je vous en prie, docteur !

FURET, à part.

Allons ! soit ! Maintenant que j'ai touché cent francs, je ne peux pas me dérober. Mais qu'est-ce que je vais gribouiller là-dessus ? Tant pis ! les médecins écrivent mal, c'est bien connu, allons-y ! (Écrivant.) Des *e* sans accent, pas de points sur les *i*, des pâtés, énormément de pâtés (Il en fait) et un paraphe !... (Il le fait et se levant, haut.) Ça y est. Ce n'est pas une ordonnance, c'est la maison Pathé. Je vais aller moi-même chez le pharmacien !

CHAPITEL

Inutile. (Il sonne.) Françoise est là. (A Françoise qui paraît.) Mon enfant, une ordonnance pressée à porter chez le pharmacien. Vous apporterez immédiatement ce qu'on vous remettra.

FRANÇOISE

Bien, Monsieur Chapitel.
    (Elle sort.)

FURET, à part.

Si jamais elle rapporte quelque chose, je veux bien que le cric me croque... (Haut.) Je vous demande pardon, je vais m'offrir un petit verre de bénédictine ; ça fera descendre les glaces.
    (Il sort.)

SCÈNE X

CHAPITEL, puis Mme BOUCARDIER

CHAPITEL

Comme ça je serai tout à fait tranquille ! (Allant au fond et entr'ouvrant doucement la tenture pour regarder.) Et pendant ce temps-là, il danse tranquillement avec sa femme. Pauvre petite ! Heureusement qu'elle ne se

se doute de rien, et que je suis là, à mon banc de quart,
pour veiller au grain...

Mme BOUCARDIER, entrant par la droite.

Ah ! vous êtes là Monsieur Chapitel ?

CHAPITEL

Eh ! oui, Madame Boucardier... je regardais mon
neveu et Ginette. Joli couple... bien assorti... ils s'ado-
rent.

Mme BOUCARDIER

Vous croyez ?

CHAPITEL

Parbleu !... Et je n'ai pas besoin de ma longue-vue
pour voir ça... Savez-vous que je vous admire, Madame
Boucardier.

Mme BOUCARDIER, minaudant.

Trop aimable... Vous trouvez que ma toilette me va
bien ?

CHAPITEL

Qu'elle vous aille comme elle voudra, je m'en fiche de
votre toilette !... D'ordinaire, au moment où une mère
se sépare de sa fille, ce sont des larmes, des jérémiades.
Tandis que vous, rien... calme plat...

Mme BOUCARDIER

Ça se passe en dedans...

CHAPITEL

Vous êtes une femme énergique !

Mme BOUCARDIER

Ah ! l'énergie ! c'est ce qu'il y a de plus beau chez un
homme ! Et sur ce point, les marins...

CHAPITEL

C'est le métier qui veut ça !

Mme BOUCARDIER

Quelle jolie carrière ! cette vie aventureuse entre le ciel et l'eau.

CHAPITEL

Toujours de l'eau !... à la longue, c'est bien monotone ;... et puis, quand on a doublé le cap de la cinquantaine !

Mme BOUCARDIER

Dame ! c'est l'âge de raison, celui où l'on pense à se faire un foyer... Vous n'avez jamais songé à vous marier, Monsieur Chapitel ?

CHAPITEL

Je n'ai pas eu le temps... (Regardant Mme Boucardier avec intention) mais ça peut venir... Ce qui est retardé n'est pas perdu, comme dit le proverbe ;... à ma prochaine escale à Paris, car je reviendrai... nous reparlerons de ça... Vous entendez, Madame Boucardier, nous reparlerons de ça...

Mme BOUCARDIER, à part.

Comme il m'a regardée ! Je suis toute troublée.

(Elle remonte.)

CHAPITEL

Vous vous en allez ?

Mme BOUCARDIER

Quelques ordres à donner... (A part.) Ça vaut mieux... Je n'aurais qu'à me trahir... (Le regardant.) Décidément il me va cet homme-là ! Oui... il me va !...

(Elle sort vivement.)

SCÈNE XI

CHAPITEL, puis FRANÇOISE

CHAPITEL

Eh! eh ! pourquoi pas ?... Ça ferait une passagère encore très potable, cette veuve Boucardier-là !... (Voyant entrer Françoise.) Ah ! c'est toi, petite, tu as la potion ?

FRANÇOISE

La voilà, Monsieur Chapitel. Mais ça n'a pas été sans peine... Le pharmacien ne voulait rien me donner parce qu'il ne pouvait pas déchiffrer la signature du docteur.

CHAPITEL

Parbleu, ça ne m'étonne pas.

FRANÇOIS

Il s'est tout de même décidé quand il a su que c'était pour ici.

(Elle tend la fiole.)

CHAPITEL

Voyons un peu ! (Lisant l'étiquette.) Sirop de cantharide !... Tiens ! j'aurais cru au contraire... Je vais lui faire avaler ça !

(Il entre dans la chambre où est Simonne.)

SCÈNE XII

FRANÇOISE, un instant, FURET

FURET, un petit verre à la main.

Après la bénédictine, il n'y a rien de bon comme un

petit verre de curaçao... (Voyant Françoise.) Eh bien ! la
bonne ! tu viens de chez le pharmacien ?

FRANÇOISE

Oui, Monsieur le docteur. .

FURET

Et il ne t'a rien donné, bien entendu ?
(Il déguste son petit verre.)

FRANÇOISE

Si... une potion...

FURET, à part.

Comment ! il a lu quelque chose ?

FRANÇOISE

Dn sirop de cantharide...

FURET, qui buvait, s'étranglant.

Hein ? Qu'est-ce que tu dis ? Du sirop de cantharide ?
(Il se laisse tomber dans les bras de Françoise.)

FRANÇOISE, tout en le maintenant.

M. Chapitel a lu l'étiquette tout haut... Et il vient de
sortir pour le faire boire à la dame qui est là...

FURET, se redressant.

Pour le faire boire ? (Se laissant retomber comme tout à
l'heure) Tu es sûre ?

FRANÇOISE

Oui, Monsieur le docteur !...

FURET

Ne m'appelle pas Monsieur le docteur, et fous-moi le
camp !

FRANÇOISE

Cependant, Monsieur le docteur !

FURET, marchant vers elle, menaçant.

Pas Monsieur le docteur ! je te dis, petite malheureuse !...

FRANÇOISE

Bien Monsieur le docteur. (A part.) Qu'est-ce qu'il a ?

(Elle se sauve ahurie.)

FURET

De la cantharide !... Mais alors, j'ai écrit des hiéro-
glyphes sans m'en douter, et il a fallu que ce potard
fût un savant épatant pour qu'il sût... (S'essuyant le front.)
Moi aussi, je sue... Sirop de cantharide !... Mais c'est du
poison, de l'ignoble poison !... Une petite fiole de rien du
tout, ça suffit pour faire aller tous les locataires d'une
maison à six étages, y compris ceux du rez-de-chaussée,
dans un monde meilleur !... Et puis, si elle a des
parents, ils vont hurler comme des putois ces gens-là...
me faire coffrer ;.. j'entends d'ici le commissaire :—Saturnin Furet, vous avez empoisonné une femme ? — Oui,
Monsieur le Commissaire. — Saturnin Furet êtes-vous
médecin ? — Non, Monsieur le Commissaire. — Alors,
vous n'aviez pas le droit de faire une ordonnance. —
Non, Monsieur le Commissaire. — Saturnin Furet vous
êtes un assassin. — Oui, Monsieur le Commissaire. —
Et ce sera l'arrestation, le dépôt, la voiture cellulaire, le
panier à salade... la salade !... moi qui ne peux pas la
sentir... Ouf ! j'ai chaud ! je vais prendre une autre
glace, ça me rafraîchira...

(Il sort.)

SCENE XIII

CHAPITEL, puis GINETTE, ANDRÉ, OSCAR
ROBERT, Mme BOUCARDIER,
puis LA DEMOISELLE D'HONNEUR ET LES INVITÉS

CHAPITEL

Je lui en ai fait prendre deux cuillerées à bouche, et
je l'ai laissée reposer. Dans dix minutes,elle sera douce
comme un agneau et elle filera.

(La porte s'ouvre violemment et Robert paraît suivi par Mme Boucardier furieuse, puis par Ginette, André, Oscar et tous les
invités.)

ROBERT

Mais, ma tante, c'est ce qu'on appelle le chahut...
(Il esquisse un pas.) Ça se danse dans les salons les plus
collets montés.

Mme BOUCARDIER

Assez polisson ! A-t-on jamais vu !

GINETTE

Voyons, Maman, ne le gronde pas comme ça, ce
pauvre Robert ! C'est le jour de mon mariage aujour-
d'hui ;... et puisque tu ne veux pas qu'il danse, on va
chanter... et pour faire honneur à notre oncle, un ancien
capitaine au long cours, une chanson de marin : *le
Gabier Fifrelin...*

CHANSON

GINETTE

Fifrelin qu'avait fait naufrage,
Sur les côt's d'Afriqu' aborda

ANDRÉ

Chez une peuplade anthropophage
Justement un jour de gala...

GINETTE

L' roi du pays qu'était un nègre
Fit v'nir notre homme et le palpa,

ANDRÉ

Mais il était si maigr', si maigre...
Qu'à l' boulotter, il hésita.

GINETTE

Pour l'engraisser, il le donna
Afin qu'il fût un peu moins plat.

ANDRÉ

Cargue en haut, cargue en bas (*bis*)
Ohé Hisse ! Hissao hisse !
Eh là-haut Mathurin (*bis*)
Veille à la misaine (*bis*)
Et bon ! bon ! les gars ma luraine !
Et bon ! bon ! bon ! les gars malura !

TOUS

Pour l'engraisser... etc...

II

GINETTE

Mais la rein' qu'était une bell' femme,
Pour le gabier eut un béguin,

ANDRÉ

Et lorsque tout dormait, Madame,
Près d' lui s' rendait causer un brin.

GINETTE

D' quoi qu'ils parlaient .. on l' présuppose,
Pas d' politique, assurément

ANDRÉ

Vous savez mieux que moi, je suppose,
C' qu'on dit en un pareil moment !
Bécot par ci, bécot par là
Et dam' ça ne l'engraissait pas.

ANDRÉ et GINETTE

Cargue en haut, cargue en bas (*bis*)
Ohé Hisse! Hissao hisse!
Et là-haut Mathurin (*bis*)
Veille à la misaine (*bis*)
Et bon! bon ! bon ! les gars maluraine,
Et bon! bon! bon ! malura !

TOUS

Bécot par ci..., etc...

III

GINETTE

Après six mois de ce régime,
Il était sec comme un copeau,

ANDRÉ

Tandis qu' privé d' sa légitime,
Le monarqu' tournait au tonneau...

GINETTE

Mais où la chos' d'vient des plus drôles,
C'est qu' le jour du festin venu,

ANDRÉ

Le peuple intervertit les rôles,
Et se j'ta sur le plus dodu !...

GINETTE

Bref, c'est le roi que l'on mangea,
Fifrelin sa veuve épousa...
(Voir partition pour le dernier final.)

CHAPITEL

Bravo ! moussaillon... (Regardant à sa montre.) Mais en écoutant les aventures de ce Mathurin de Fifrelin, je m'aperçois que j'ai raté l'heure du train ?... Tant pis ! je ne prendrai le large que demain...

OSCAR, d'une voix étranglée.

Alors, vous restez ?

CHAPITEL

Si je ne suis pas indiscret.

Mme BOUCARDIER, un peu gênée.

Nous sommes ravis, au contraire

OSCAR, faisant la grimace.

Absolument ravis...

GINETTE, à part, voyant Oscar.

Ça se voit !...

CHAPITEL

Seulement, il ne faut pas que ma présence empêche les jeunes mariés de se retirer tous les deux dans leur chambre.

OSCAR, d'une voix de plus en plus étranglée.

Déjà ?...

CHAPITEL

Ce jour-là, on ne se couche jamais trop tôt ; n'est-ce pas Madame Boucardier ?... Allons ! bonsoir mes enfants !...

OSCAR

Ah ! non, non, je ne veux pas !

CHAPITEL

Tu ne veux pas ? Ah çà ! de quoi se mêle-t-il ? Il est toujours à mettre son grain de sel celui-là ! (A Oscar.) Ça te gêne qu'André aille se coucher avec sa femme ?

OSCAR

Non, mais... (Bas, à Mme Boucardier.) Je ne peux pourtant pas permettre que Ginette s'enferme avec ce Monsieur...

CHAPITEL, à Ginette et à André.

Maintenant, si vous voulez encore danser ?

OSCAR, vivement.

Oui... oui... Ils veulent encore danser... (A part.) J'aime mieux ça !...

CHAPITEL

Ce qu'il m'agace ce petit monsieur-là avec ses airs ; ma parole, il se croit le mari.

CHŒUR

Fifrelin sa veuve épousa
Et bon ! bon ! bon ! les gars
Malura

(Ils sortent tous, sauf Chapitel.)

SCÈNE XIV

CHAPITEL, puis SIMONNE

CHAPITEL

Et l'autre que j'oubliais ! (Prêtant l'oreille du côté de la porte de la chambre où est Simonne.) Je n'entends rien...Elle aura fermé ses hublots.(Bruit formidable de vaisselle cassée.) Hein! mais si, j'entends quelque chose... saperlotte !...

(Il va pour entrer, la porte s'ouvre brusquement,
paraît Simonne très excitée.)

SIMONNE

Où est-il ? Je veux le voir, mon André !... L'embrasser !... (Voyant Chapitel.) En attendant, tiens, toi !...

(Elle lui saute au cou et l'embrasse.)

CHAPITEL

Mais...

SIMONNE

Tu en veux encore ? (Le rembrassant.) Tiens !

CHAPITEL

Mais non, je n'en veux plus !... Si quelqu'un entrait !

SIMONNE

Je m'en fiche pas mal...

CHAPITEL

C'est comme ça que vous êtes calmée?

SIMONNE

Calmée ! Qui est-ce qui t'a dit que j'étais calmée ?

CHAPITEL

Mais la potion… que je vous ai donnée…

SIMONNE

Ah ! oui, parlons-en de ta potion !… C'est-à-dire que jamais je n'ai ressenti ce que j'éprouve en ce moment… Ce n'est plus du sang qui coule dans mes veines, c'est de la lave… As-tu jamais vu le Vésuve, le Vésuve en éruption ?

CHAPITEL

Souvent, quand je naviguais dans le golfe de Naples.

SIMONNE

Eh bien ! si tu veux le voir une fois de plus, regarde-moi ! Calmée !… ah ! fichtre non ! je ne suis pas cal-mée… Ainsi, toi, tu n'es pas beau, n'est-ce pas ?

CHAPITEL, froissé.

Permettez !

SIMONNE

Eh bien ! tu me parais superbe… (lui sautant au cou et l'embrassant). Tiens !…

CHAPITEL, se dégageant.

Ah mais, à la fin !…

SIMONNE

Mais il ne s'agit pas de toi… où est André ? Je veux le voir, entends-tu ?…

CHAPITEL

D'abord je vous défends de me tutoyer. Et puis, il est parti.

SIMONNE

Parti ? avec sa pimbêche de femme, naturellement?

CHAPITEL

Naturellement.

SIMONNE

Ah ! le gueux ! (Elle prend une statuette et veut la casser. Chapitel la lui arrache des mains) Le chenapan !... (Elle reprend une autre statuette. Même jeu de Chapitel.) Un homme pour qui j'ai tout sacrifié... Je n'avais qu'un cœur.

CHAPITEL

Comme tout le monde...

SIMONNE

Je le lui avais donné...

CHAPITEL

Puisqu'il vous l'a rendu.

SIMONNE

Et il me lâche comme un paquet... (Se mettant à pleurer.) Ah ! l'ingrat !... le monstre !...

CHAPITEL

C'est ça pleurez, ça vous détendra les nerfs, ça vous fera du bien...

SIMONNE, pleurant toujours.

Sans un mot, sans me faire le plus petit cadeau.

CHAPITEL

Ça, ce n'est pas bien ! Le petit cadeau, c'est obligatoire. Ainsi moi... chaque fois que j'avais une amarre à

larguer, j'ai toujours été très généreux avec les femmes...
c'est mon système...

SIMONNE

Ah ! c'est votre ?... (Cessant de pleurer. A part.) Tiens !
tiens ! au fait, pourquoi pas ?...

CHAPITEL

Il faut se faire une raison, que diable ! A votre âge,
gentille comme vous l'êtes, un de perdu, dix de retrou-
vés. On rencontre toujours à point nommé quelque
imbécile pour remplacer le précédent.

SIMONE, calmée tout à fait.

Je suis de votre avis. Mais c'est bien dur... ah ! bon
vieillard !

CHAPITEL, à part.

Elle m'embête avec son bon vieillard !...

SIMONNE, poussant un cri.

Ah !...

CHAPITEL

Allons ! bon ! la crise !
(Elle défaille entre les bras de Chapitel.
Il la fait asseoir sur le canapé.)

CHAPITEL

Voyons ! ma fille ! du courage ! Remontons-nous le
moral que diable !

SIMONNE, se débattant.

Ouf !... j'étouffe !

CHAPITEL

Allons bon ! elle se trouve mal !

SIMONNE, *prononçant des mots inarticulés.*

Ah ! maman ! maman !

CHAPITEL

Elle me prend pour sa mère !

SIMONNE

Vous entendez !
Dégrafez ! Dégrafez !
CHAPITEL, *essayant maladroitement.*
Mais une femme, sur ma foi
S'en acquitterait mieux que moi !
Et il me semble
Que ma main tremble ;
Vrai, sur l'honneur,
J'ai peur ! j'ai peur !
Mon cœur bat la chamade
Je frissonne d'émoi ;
Des deux, le plus malade,
Certainement, c'est moi !

ENSEMBLE

Son cœur bat la chamade
Il frissonne d'émoi;
Des deux, le plus malade,
Ce n'est certes pas moi !

CHAPITEL

Mon cœur bat la chamade,
Je frissonne d'émoi ;
Des deux, le plus malade,
Certainement, c'est moi.

SIMONNE

Eh bien ?...

CHAPITEL, achevant de dégrafer.
C'est fait !

SIMONNE

Ah ! je respire tout à fait !
(A Chapitel, qui veut retirer sa main de la sienne.)
Ne vous en allez pas ! non ! non !
Laissez votre main je vous prie,
Sa délicate pression
Me rend doucement à la vie !...
Ça semble bon, bien bon, bien bon !...

CHAPITEL, emballé, à part.

Oh ! ce satin ! Vision rose et fraîche !...
Ça m'électrise !... (*ter*)
(Il veut retirer sa main.)

SIMONNE, le retenant.

Restez donc !
CHAPITEL, à part, de plus en plus emballé.
C'est velouté comme un duvet de pêche
Ah ! nom de nom de nom !
Qu'est-ce que j'ai donc ?
Ça me picote
Ça m'asticote
De la tête jusqu'au talon !

ENSEMBLE

Simonne, riant sous cape.

Son cœur bat la chamade
Il frissonne d'émoi
Des deux, le plus malade,
Ce n'est certes pas moi !

CHAPITEL

Mon cœur bat la chamade
Il frissonne d'émoi
Des deux, le plus malade,
Certainement c'est moi !

(Soudain, Simonne profitant de ce qu'il est légèrement
penché sur elle, lui entoure le cou de ses bras.)

SIMONNE

Ah ! André ! André !

CHAPITEL

Mais, je ne suis pas...

SIMONNE, feignant l'égarement et repoussant Chapitel.

Hein ! ce n'est pas toi !... Qui êtes-vous Monsieur, et
de quel droit ?

CHAPITEL, essayant de se dégager.

Mais, ma chère enfant...

SIMONNE

Ah ! oui, je vous reconnais !... Vous êtes son oncle...
J'étais folle.

CHAPITEL

Calmez-vous.

(Il la fait asseoir et s'assied à côté d'elle.)

SIMONNE

Oh ! je suis calmée, à présent, tout à fait calmée.
Vous êtes bon !... Vous avez du cœur !... Vous venez de
vous conduire comme un galant homme !

CHAPITEL

J'ai fait ce que tout le monde à ma place...

SIMONNE

D'ailleurs, il n'y a que les messieurs d'un certain âge...

CHAPITEL, vexé, à part.

Encore !

SIMONNE

Pour avoir de la délicatesse... Ah ! les femmes ont bien tort de préférer les jeunes gens... Voyez-vous, Monsieur !... c'est drôle, ça me gêne de vous appeler Monsieur...

CHAPITEL

Appelez-moi Chapitel, ça m'est égal !

SIMONNE

Vous avez bien un petit nom ?

CHAPITEL

J'en ai trois : Hector, Joseph, Adalbert !

SIMONNE

J'aime mieux Adalbert : c'est gracieux Adalbert.

CHAPITEL

Oui, c'est assez moyen âge.

(Musique à la cantonade.)

SIMONNE, prêtant l'oreille.

Vous entendez ?

CHAPITEL

Oui, c'est le bal !... Allons, venez !...

SIMONNE

Oh ! cette musique !... C'est ça qui vous remet

d'aplomb... qui vous coule du vif argent dans les veines...
(Elle commence à danser.) Voyons ! ça ne vous dit rien,
Adalbert ?

CHAPITEL

Si... saprelotte !... ça me dit quelque chose ! Ça me...
dit même tellement que... Ah ! ma foi tant pis !
(Numéro de danse.)

(Après la danse.)

CHAPITEL

Là... et à présent, larguez vos bonnettes, et filez !...

SIMONNE

Oui, Adalbert, oui... mais à une condition, c'est que
vous m'accompagnerez jusque chez moi, rue de la Lune...
Vous connaissez la rue de la Lune ?

CHAPITEL

Pas très bien, mais le chauffeur !...

SCÈNE XV

CHAPITEL, SIMONNE, FRANÇOISE, puis OSCAR
un instant, puis FURET

CHAPITEL, à Françoise qui vient d'entrer.

Mon pardessus et mon chapeau...

FRANÇOISE

Tout de suite, Monsieur Chapitel !
(Elle sort.)

SIMONNE

Je vais prendre mon chapeau, Adalbert, et je suis à vous.

(Elle sort à gauche.)

OSCAR, entrant timidement par le fond, à part.

Toujours là !

CHAPITEL, l'apercevant.

Te voilà encore, toi, petit mouchard ! File ton nœud et plus vite que ça !

OSCAR

A la fin, je ne vous permets pas...

CHAPITEL

Décidément tu veux ma botte quelque part ? Tu la veux ?...

(Il s'avance brusquement vers Oscar qui recule précipitamment.)

OSCAR, à part.

Quelle brute !

(Il disparaît par le fond. Françoise rentre avec les affaires
de Chapitel qu'elle aide à s'habiller.)

CHAPITEL, à Françoise qui remonte après l'avoir aidé à s'habiller.

Attendez ma fille ! (Il lui donne une pièce de monnaie.) Pour vous !

FRANÇOISE

Merci, Monsieur Chapitel !... (A part.) Cent sous ! Chouette !

FURET, qui entre, dévorant un sandwich.

Comment, vous partez ?

CHAPITEL

A l'anglaise. Et vous, cher docteur ?

FURET

Ho ! moi je reste à la française... Quand je suis invité à une noce, je reste jusqu'à la dernière minute... (Bas.) A propos, et la malade ?

CHAPITEL

Ça va ! votre potion l'a radoubée tout à fait. (Montrant Simonne qui entre.) Et tenez, la voilà !

SIMONNE

Je suis à vous mon ami.

FURET, à part.

Comment ! c'est elle ? Mais alors, quelle veine !
(Il esquisse un pas.)

CHAPITEL

Qu'est-ce que vous avez ?

FURET

Le plaisir, la joie d'avoir sauvé ma malade... Toutes les fois que je guéris un client ou une cliente, je suis tellement content que je danse un pas...

CHAPITEL

Tenez ! docteur ! pour vos honoraires.

FURET

Mais tout à l'heure, déjà !

CHAPITEL

Ça ne fait rien.
(Il lui donne un billet.)

FURET

Encore cent francs ! C'est trop ; c'est beaucoup trop.

CHAPITEL

Ah ! Ne le répétez pas, ou cette fois je vous en donne deux autres.

FURET, très fort.

C'est trop, beaucoup trop ! (Voyant Chapitel qui remet son portefeuille dans sa poche.) (à part.) C'est encore raté.

CHAPITEL

Alors, au plaisir de vous revoir.

FURET

Ça se peut ; à une autre noce. (A part.) Deux cents francs et nourri ! Chouette !

(Pendant cet aparté, Chapitel est remonté, a entr'ouvert la tenture et regarde par la porte du fond.)

CHAPITEL

S'en donnent-ils les gredins !... Ce serait un crime de les déranger. (A Furet, lui donnant une enveloppe qu'il a tirée de la poche de son habit.) Tenez, docteur.

FURET, se méprenant.

Oh! non, c'est trop !... c'est beaucoup trop !...

CHAPITEL

Non, non! ce n'est pas ça ! Vous seriez bien aimable de remettre ceci aux jeunes époux, tout à l'heure, quand ils rentreront dans leur chambre.

FURET

Très volontiers !

CHAPITEL

Merci mon cher maître, et ravi d'avoir fait **votre** connaissance.

FURET

C'est moi, au contraire, qui suis enchanté.
(Ils se serrent la main.)

SIMONNE

Venez-vous mon ami ?

CHAPITEL, à Furet présentant.

Docteur, votre malade. (A Simonne.) Malade, votre docteur.
(Chapitel et Simonne sortent en dansant un motif de leur
danse, Furet les suit jusqu'à la porte.)

SCÈNE XVI

OSCAR, FURET, FRANÇOISE, puis ANDRÉ,
GINETTE et Mme BOUCARDIER

OSCAR, passe la tête à la porte du fond et voyant Françoise
qui vient d'entrer par la droite.

Psst, Françoise !

FRANÇOISE

Monsieur ?

OSCAR

Où est le vieux requin ?

FRANÇOISE

Il vient de partir.

FURET, descendant.

A l'instant... Il m'a même chargé d'une commission pour les mariés.

(Il montre l'enveloppe.)

OSCAR

Et comme le marié, c'est moi!...

(Il prend l'enveloppe et va à la porte du fond et fait un signe. Mme Boucardier, Ginette et André entrent en scène.)

Mme BOUCARDIER

Qu'est-ce qu'il y a?

OSCAR

Il est parti, et voici le chèque. (A Mme Boucardier.) Ouvrez belle-maman.

(Il lui tend l'enveloppe.)

Mme BOUCARDIER, s'asseyant.

Non, j'ai les yeux qui papillotent. J'avais chaud! J'ai bu du punch!

OSCAR

Donnez! alors!... (L'ouvrant.) Ah!

TOUS

Quoi?

OSCAR, lisant.

C'est une facture pour cent barriques de Bordeaux... (A André.) Votre oncle s'est trompé d'enveloppe.

GINETTE, bas.

Brave homme !...

OSCAR

Tant pis, après tout : demain, il fera jour.

GINETTE

Non, non. Il ne faut jamais remettre au lendemain...
M. Chapitel a le chèque sur lui, il part de très bonne
heure...

OSCAR

C'est assommant, le soir de ses noces ! Et puis, où le
trouver ?

GINETTE

A son hôtel.

OSCAR

Quel hôtel ?

GINETTE

Ah ! je ne sais pas moi, il y a un moyen bien simple,
vous allez faire le tour de tous les hôtels de Paris. Quand
vous l'aurez trouvé vous reviendrez. Dépêchez-vous...
vous devriez déjà être de retour.

OSCAR

Comme c'est commode !... Allons !... j'y vais...
(Il va pour sortir, entre Françoise.)

FRANÇOISE

C'est M. Chapitel !... Il monte l'escalier...

GINETTE, à part.

Ah ! diantre !

OSCAR

Il se sera aperçu en route qu'il s'était trompé d'enveloppe.

ANDRÉ, à part.

Diable !... c'est embêtant, ça !...

(Tout le monde est entré par le fond et s'est placé.
Paraît Chapitel par la gauche.)

SCÈNE XVIII

LES MÊMES, TOUT LE MONDE, CHAPITEL
puis JOLIBOIS et MARTINET
FINALE

CHAPITEL

J'avais fait une grave erreur,
J'apporte la lettre promise.

GINETTE, lui offrant du champage que porte Françoise
sur un plateau.

Une coupe ?...

CHAPITEL

        ... De très grand cœur !
(Buvant.)

Mes enfants, à votre bonheur !...
Et maintenant, la nuit est avancée.
Allez, les jeunes amoureux,
Doucement l'achever tous deux !...

OSCAR, s'interposant.

Non, non ! la farce est terminée...
C'est suffisant pour aujourd'hui ;
Le mari, puisqu'il faut vous le dire,
C'est moi, Monsieur ! Ce n'est pas lui !
(Il désigne André.)

CHAPITEL

Vous, le mari !... Vous voulez rire ? (*bis.*)

OSCAR

C'est moi, vous dis-je ! Moi !... pas lui ! (*bis.*)

CHAPITEL

est fou !

OSCAR

Mais pas du tout !
Et puisqu'en vain, je m'époumonne,
Pour être fixé sur cela,
Interrogez tous ces gens-là !

(Il désigne les invités,)
Les Invités, Robert, Odette, Jeanne sont entrés
sans bruit par groupes.)

CHAPITEL

Il déraisonne
(Ginette fait des signes d'intelligence à tout le monde.)

OSCAR, à tout le monde.)

Messieurs, les invités. Quel est le vrai mari ?

LES INVITÉS

Elle est bien bonne
Le vrai mari ?... Parbleu ! C'est lui !...
(Ils désignent André.)

OSCAR, estomaqué.

Comment ? C'est lui ?...

LES INVITÉS

Le vrai mari,
C'est lui, c'est lui !...

OSCAR, ahuri.

Messieurs les invités
Vous divaguez, vous barbotez...

LES INVITÉS

Le vrai mari !... c'est lui ! C'est lui !...

OSCAR, à Mme Boucardier, qui, un peu grise, s'évente mollement.

Voyons ! Voyons, Belle-Maman,
Répondez-nous avec franchise...

Mme BOUCARDIER

Que voulez-vous que je vous dise ?

OSCAR

Désignez-nous simplement
De Ginette le vrai mari ?...

Mme BOUCARDIER, désignant André.

Son vrai mari ? C'est lui, c'est lui !...

OSCAR

N'y prenez pas garde !
Elle est pocharde !...

Mme BOUCARDIER

Monsieur Oscar, s'il vous plaît
Ayez un peu de respect...

OSCAR, affolé à Ginette.

Mais vous, ma femme ! Vous le savez ;
La vérité, vous la direz !...

GINETTE

Oui, certes ! et je la proclamerai !
Je la proclamerai !...
Qu'ici, ce soir, deux prétendants
S'adressant à mon cœur sensible,
Aient fait entendre leurs accents,
La chose, est ma foi, bien possible...
Or, mes chers amis,
L'un d'eux m'a promis...
Quand tout se tairait,
Que dans la pénombre
Le bruit s'entendrait
Des baisers sans nombre
Qu'on échangerait !

TOUS, murmure général d'approbation.

Ah !
Les tendres propos que voilà !
On n'est pas plus galant que ça !

GINETTE

L'autre en fait d'amour,
M'a dit à son tour !...
Quant tout se tairait,
Que, dans la pénombre,
Le bruit s'entendrait
Des écus sans nombre
Que l'on compterait !...

TOUS, murmure général de réprobation.

Oh !
Que voici de vilains propos !
C'est un mufle ! Un vilain coco !...

GINETTE

Aussi, j'ai choisi
Vous devinez qui ?...
Mon petit mari
Si doux, si gentil,
Le voici ;
C'est lui !
C'est bien lui !
(Elle désigne André.)

TOUS

Son petit mari
Si doux, si gentil
Le voici
C'est lui
C'est bien lui !...
(Ils désignent André).

CHAPITEL

Allons ! la preuve est sans égale !
Plus de débat !... Il est minuit,
Dedans la chambre conjugale,
Époux, allez finir la nuit.

OSCAR, furieux.

Non ! je proteste, c'est inique !
C'est monstrueux ! c'est immoral !

CHAPITEL

Puisqu'il trouble la paix publique
Qu'on enlève cet animal !

JOLIBOIS, qui vient d'entrer avec Martinet.

C'est entendu que nonobstant
On va l'enlever prestement !
(Jolibois et Martinet l'ont saisi.)

TOUS

Puisqu'il trouble la paix publique
Qu'on l'enlève et rapidement !...

OSCAR, se débattant, ahuri.

Ginette ! Il est temps encore ! Voyons Ginette !
La vérité, dites la vérité !

GINETTE

Je l'ai dite en sincérité,
Bien dite, et la crie à tue-tête.
(Montrant André.)

> Mon petit mari
> Si doux, si gentil
> Le voici, c'est lui !...
> C'est bien lui !...

ENSEMBLE

Tous, moins Oscar, montrant André.

> **Son** petit mari,
> **Si** doux, si gentil

Le voici, c'est lui
C'est bien lui !

OSCAR

Eh non ! son mari !
Méconnu, trahi,
C'est moi ! me voici
C' n'est pas lui !...

(Final très animé. Oscar se démène comme un beau
diable maintenu par les agents qui vont l'emmener,
tandis que les personnages en scène se mettent à danser, autour de lui une sarabande endiablée.

RIDEAU

ACTE III

Un salon

Magasin de couture, très chic. Au fond, window par laquelle on accède dans la rue à droite et dans une chambre à gauche. A gauche, premier plan, porte de bureau. Au deuxième plan, autre porte. A droite, premier plan, porte du salon d'essayage. Porte au deuxième plan. Un canapé sur lequel sont étalées plusieurs robes.

SCÈNE PREMIÈRE

OCTAVIE et les DEMOISELLES de magasin

OCTAVIE

Nous allons répéter notre compliment aux nouveaux mariés. En sourdine par exemple, pour ne pas les réveiller... Si toutefois ils dorment...

TOUTES

Oui, oui, répétons.

OCTAVIE, battant la mesure.

Une... deux... trois... quatre !...

OCTAVIE et les DEMOISELLES

ENSEMBLE

Aux mariés, nous venons toutes,
Offrir nos vœux avec ferveur.
Qu'ils ne rencontrent sur leur route
Qu'Amour, Santé, Joie et Bonheur !
Qu'à deux bien tendrement ils vivent !
Et, dans neuf mois,
Fasse le ciel qu'il leur arrive
De vivre trois !

SCÈNE II

OCTAVIE, DEMOISELLES, FURET, puis FRANÇOISE

FURET, apparaissant de dessous les robes qui sont sur le canapé.
TOUTES, effrayées.

Un homme !...

FURET

Bonjour, Mesdemoiselles !

OCTAVIE, effrayée.

Si vous êtes un malfaiteur, dites-le.

FURET

Un malfaiteur, moi ?

OCTAVIE

Je vous engage à vous en aller et tout de suite.

FURET

Je ne demande pas mieux, maintenant que la noce est finie. (Il cherche autour de lui.) Dites-moi, vous n'auriez pas vu un chapeau pas très neuf, et un manteau assez vieux?

TOUTES

Non. (Elles cherchent aussi.)

FRANÇOISE, entrant.

Tiens, monsieur le docteur !

FURET

Bonjour, Françoise.

TOUTES, les unes aux autres.

Ah ! c'est un docteur !

FRANÇOISE

Monsieur le docteur n'était donc pas parti hier soir ?

FURET

Non, cette nuit j'ai trouvé qu'il était trop tard pour rentrer chez moi, et sans déranger personne, je suis venu m'installer sur ce canapé.

OCTAVIE

Monsieur le docteur a dù être très mal?

FURET

Oui assez ! Ça m'a donné des crampes d'estomac. Aussi, avant de partir, Françoise, je prendrais bien une bonne tasse de chocolat.

FRANÇOISE

Bien, Monsieur le docteur.

FURET

Avec quelques petits pains et du beurre.

FRANÇOISE

Je vais vous préparer ça.

TOUTES, saluant.

Monsieur le docteur !...

FURET, saluant.

Mesdemoiselles !...

OCTAVIE

Tenez, mesdemoiselles, remportez ces robes à l'atelier, moi je vais terminer mes comptes au bureau.

(Elle sort à gauche, les demoiselles à droite 2ᵉ plan)

SCÈNE III

FURET, FRANÇOISE

FURET, qui regardait Françoise, après un moment, à part.

Elle est ravissante, cette soubrette. Hier, pendant la soirée, je n'y ai pas fait attention, mais ce matin depuis que je la regarde... (Haut.) Dis-moi, mon enfant.

FRANÇOISE

Monsieur le docteur !

FURET

Dis-moi, tu n'as rien à l'estomac ?

FRANÇOISE, se méprenant.

Oh ! si j'ai quelque chose...

FURET

Je le vois bien. Mais c'est en dedans. Pas de tiraille
ments, pas de dilatation, pas d'aigreur ?

FRANÇOISE

Non, Monsieur le docteur.

FURET

C'est bizarre ! D'après mon diagnostic, j'aurais juré, à
première vue, que tu avais un peu de dermo... cautèro...
Yokohama... Kimono.

FRANÇOISE

Kimono ?

FURET

Une maladie nouvelle qui nous vient du Japon...

FRANÇOISE

C'est grave ?

FURET

Pas quand c'est soigné à temps... Allons, viens que je
t'ausculte...

FRANÇOISE

Voilà, Monsieur le Docteur...

FURET, lui mettant l'oreille sur la poitrine.

Respire un peu... (Françoise respire doucement) Beaucoup... (Françoise respire plus fort.) Passionnément... (Françoise respire très fort.) Assez !... (A part.) Ah ! c'est doux,
c'est moelleux, quel oreiller !... (Haut, comptant les batte-
ments du cœur.) 7..9..17..14..37..24..71 ?... (Se relevant
brusquement.)Ah ! ma foi, tant pis !... il faut que je t'embrasse...

FRANÇOISE, se dégageant.

Voulez-vous bien me lâcher ! Non, mais pensez-vous
que je vais me laisser bécoter comme ça par le premier
venu ?...

FURET

Le Docteur Durand, le premier venu... Oh ! oh !...

FRANÇOISE

Je m'en doutais, que votre machin japonais, votre
kimono, c'était une blague.

FURET

C'est vrai... tu n'as rien... mais tu es très gentille et...
Voyons ! ma petite Françoise, tu me ferais tant plaisir...
et ça te coûte si peu... A mon tour, je serai bien gentil
avec toi ; si tu es malade, je te soignerai à l'œil... Un
baiser... un petit baiser de rien du tout...

FRANÇOISE

Non, là...

FURET

Est-ce que par hasard, je ne serais pas ton type ?...
(Prenant une pose avantageuse.) Il me semble pourtant que
comme beau gosse..., je suis un peu là !...

FRANÇOISE

Je ne dis pas... vous n'êtes pas mal...

FURET

Tiens ! Parbleu ! Tu serais difficile...

FRANÇOISE

Mais vous n'avez pas de moustaches et pour moi, un homme qui n'a pas de moustaches, il me semble qu'il doit lui manquer quelque chose...

FURET

Je t'assure que tu te trompes..., et si tu voulais t'en rendre compte par toi-même... (Il veut la saisir.)

FRANÇOISE, se dérobant.

Non... non !...

FURET

Alors, si j'en avais..., des moustaches ?

FRANÇOISE

Nous verrons ça quand elles auront poussé... Mais je vais faire votre chocolat...

FURET

Je t'accompagne... J'ai une recette spéciale pour doser le cacao... (A part, sortant derrière Françoise.) De grandes moustaches !... Tiens ! Tiens ! faudra voir...

(Il sort avec Françoise.)

SCÈNE IV

OCTAVIE, entrant de droite.

Il me semblait avoir entendu parler... Non !... personne. (Voyant Simone qui entre. Oh ! une cliente !... (Allant au devant de Simone.) Madame...

SIMONE

Je me demandais si vous seriez ouvertes ce matin.

OCTAVIE

Ouvertes ?

SIMONE

C'est pas pour dire que vous êtes des huîtres (elle rit) Non, mais un lendemain de noces, le magasin aurait pu être fermé.

OCTAVIE

On nous a permis la grasse matinée, comme aux mariés...
(Elle désigne la porte de gauche 2ᵉ plan.)

SIMONE

Ah ! ils sont là ?... (montrant le poing du côté de la porte), Brigand ! Scélérat !...

OCTAVIE, étonnée.

Madame dit ?

SIMONE

Rien, d'ailleurs, ça m'est égal, j'ai trouvé mieux que lui (s'adressant à la porte). Oui, mon petit, mieux que toi !

Un homme généreux, celui-là, et qui se fera un plaisir
de me payer mes robes...

OCTAVIE

Madame désire ?

SIMONE

Trois robes.

OCTAVIE

Trois robes à la fois ? Dans quel genre ?

SIMONE

Je ne sais pas.

OCTAVIE

Si Madame veut qu'on lui essaye quelques modèles ?

SIMONE

Je veux bien.

OCTAVIE

Le salon d'essayage est par ici.

(Elle fait entrer Simone à droite, premier plan.)

SCÈNE V

GINETTE ANDRÉ

Ginette paraît à gauche, deuxième plan, tandis qu'André entre
par le fond à droite.

DUO

ANDRÉ

Ginette.

GINETTE

André !

ANDRÉ

Seule ?...

GINETTE

Depuis hier, quelle aventure !
Monsieur Oscar n'est pas rentré.

ANDRÉ

Sans doute, sous triple serrure,
Au poste encor claquemuré...
Alors, Ginette,
Toute la nuit ?...

GINETTE

Quoi donc ?

ANDRÉ

Toute la nuit seulette
En votre chambre ?

GINETTE, après un moment d'hésitation souriant.

Seule ?... Non !...

ANDRÉ

Non ?

GINETTE

Non.
Inutile que je le nie
On vint me tenir compagnie...

ANDRÉ

Hein ?

Qui donc Ginette?...

GINETTE

Un rêve...

ANDRÉ

Un rêve...

GINETTE

Plein
De douceur infinie...

ANDRÉ

Ce rêve-là, dites-le moi...

GINETTE

Eh quoi ?

I

GINETTE

Quoi vous voulez que je vous conte
Le beau rêve qui m'éblouit ?...

ANDRÉ

Oui !

GINETTE

M'épargnerez-vous pas la honte
Tout haut de prononcer un nom ?

ANDRÉ

Non !

GINETTE

Peut-être n'ai-je pas moi-même
De ma pudeur assez souci ?..

ANDRÉ

Si !

GINETTE

Dire qui je vis et qui j'aime
N'est-ce pas propos étourdis ?·..

ANDRÉ

Dis ?

GINETTE

C'était un rêve !

ANDRÉ

Un joli rêve !

GINETTE

Qu'on rêverait, sans cesse et d'un cœur jamais las,
Mais hélas !
Avec l'aurore qui s'achève !...

ENSEMBLE

C'était un rêve !
Un joli rêve!...

II

GINETTE

Donc, tout de blanc j'étais parée,
Comme un jour d'hymen il convient...

ANDRÉ

Bien !...

GINETTE

Mon époux faisait son entrée
En grand costume officiel...

ANDRÉ

Ciel !...

GINETTE, baissant les yeux.

Cet époux, vous pouvez, je pense,
Le deviner à mon émoi...

ANDRÉ

Moi ?...

GINETTE

Vous !... Dois-je garder souvenance
De ce beau rêve évanoui ?...

ANDRÉ, avec passion.

Oui !...

GINETTE

C'était un rêve !

ANDRÉ

Un joli rêve !

ENSEMBLE

Qu'on rêverait sans cesse et d'un cœur jamais las,
Mais hélas !
Avec l'aurore qui s'achève...
C'était un rêve
Un joli rêve !

ANDRÉ

Oui,... le proverbe le dit : les rêves sont menteurs.

GINETTE

Il peut se tromper le proverbe !...

ANDRÉ

Pourtant l'évidence est là !

GINETTE

Oui, je sais, mon mariage a été célébré à la mairie, à l'église.

ANDRÉ

Vous voyez bien !

GINETTE

Mais qu'est-ce que ça prouve ?... le bonheur ça ne vous tombe pas tout rôti dans le bec comme les alouettes !... Il faut savoir le mériter, le conquérir. Si c'était si facile de décrocher la timbale, tout le monde grimperait au mât de cocagne.

ANDRÉ

Mais que faire ?...

GINETTE

Il faut lutter !

ANDRÉ

De vous entendre parler ainsi, ça me donne du courage... En attendant, je vais chez mon oncle ; il n'est sans doute pas encore parti (prenant son chapeau) Au revoir Ginette.

(Il lui envoie un baiser et sort.)

GINETTE

A tout à l'heure André.

(Même jeu et sort à gauche.)

SCÈNE VI

OCTAVIE, une DEMOISELLE de MAGASIN,
un instant, puis Mme BOUCARDIER

OCTAVIE, entrant avec une demoiselle parlant à Simonne,
hors de vue.

Oui... oui, madame, ces demoiselles vont vous montrer d'autres modèles. (Voyant Mme Boucardier qui paraît à gauche, premier plan.) Bonjour, patronne.

Mme BOUCARDIER

Bonjour Octavie.

OCTAVIE

Eh bien, voilà Mlle Ginette mariée. La noce s'est bien terminée ?

Mme BOUCARDIER

C'est probable. Mais je n'ai pas vu la fin.

OCTAVIE

Ah !

Mme BOUCARDIER

Non, vers minuit et demi, ma tête s'est mise à tour-
ner... les figures et les meubles, tout dansait, et je viens
de me réveiller dans mon lit sans pouvoir me rappeler
à quel moment je me suis couchée.

OCTAVIE

Ce doit être la chaleur...

Mme BOUCARDIER

Je le crois. Quand ai-je pris congé de nos invités ?
Quand me suis-je séparée de Ginette et de mon gendre ?
Je ne pourrais pas le dire... Ce matin, je me sens encore
la tête encore un peu lourde.

OCTAVIE

Ça va se passer.

Mme BOUCARDIER

Je le pense. Venez avec moi, dans le bureau, vous
m'aiderez à faire mes comptes de la semaine.

OCTAVIE

Bien, patronne.

Mme BOUCARDIER

C'est la chaleur évidemment.
(Elles sortent à gauche.)

SCÈNE VII

OSCAR, JOLIBOIS, MARTINET, puis FRANÇOISE

OSCAR, entrant au fond, avec Jolibois et Martinet, ses vêtements
sont en désordre et quelque peu salis de plâtre et de pous-
sière.

Vous allez voir, si ce n'est pas moi le mari....

JOLIBOIS

Je ne demande que ça.

OSCAR, regardant autour de lui.

Comment personne?...
JOLIBOIS, qui s'est assis confortablement ainsi que Martinet.
Je ne suis pas pressé.

OSCAR

Ma nuit de noce au poste! Je m'en souviendrai...
(Apercevant Françoise qui entre.) Ah! Françoise!...

FRANÇOISE

Tiens! Monsieur! (A Jolibois et à Martinet qui se sont levés
saluant gaiement.) Messieurs!

JOLIBOIS et MARTINET, saluant militairement.

Mademoiselle Françoise!

OSCAR, à Françoise.

Qui suis-je?

FRANÇOISE

M. Oscar Dutilleul, pardine!

JOLIBOIS

Le marié?...

FRANÇOISE

Oui.

OSCAR

Vous êtes convaincus, maintenant?

JOLIBOIS

Je le suis.

OSCAR

Alors, au plaisir de ne jamais vous revoir. (A Françoise.) Où est Mme Dutilleul ?

FRANÇOISE

Dans sa chambre... (Elle la désigne..)

OSCAR

Bien ! (A part.) Il me tarde de savoir ce qui s'est passé
après mon arrestation. (Il se dirige vers le fond. Se retour-
nant vers les agents.) Je ne vous retiens pas.

(Il disparaît par le fond, à gauche.)

SCÈNE VIII

JOLIBOIS, MARTINET, FRANÇOISE, puis FURET

JOLIBOIS

Et alors, charmante Françoise, on a bien dormi ?

FRANÇOISE, avec des regards provocants.

Trop bien, Monsieur Jolibois, trop bien !

JOLIBOIS

Et vous avez rêvé peut-être ?

FRANÇOISE

J'ai rêvé, oui.

JOLIBOIS

Et de quoi ?

FRANÇOISE, le regardant.

D'un monsieur qui a de bien belles moustaches.

JOLIBOIS, se frisant les moustaches d'un air vainqueur.

Je devine, divine Françoise.

(A cet instant, Furet entre, il s'est collé d'énormes
moustaches.)

FRANÇOISE, l'apercevant.

Ah! je n'en ai jamais vu de c'te taille-là.

JOLIBOIS

Il est certain que le particulier est pourvu amplement
de cet ornement.

FRANÇOISE, très agitée.

Au revoir, Messieurs, au revoir !...

(Elle fait aux deux agents un léger salut de la main.)

JOLIBOIS, la retenant.

J'espérais que nous aurions un bout de conversation.

FRANÇOISE

Plus tard, je n'ai pas le temps ; au revoir !...

JOLIBOIS, à Martinet.

Elle nous flanque à la porte !...

(Ils sortent par le fond à droite.)

SCÈNE IX

FRANÇOISE, FURET, puis Mme BOUCARDIER
OCTAVIE

FURET, à part.

Elle qui voulait des moustaches... je crois qu'en voilà
des moustaches!...

FRANÇOISE, allant à Furet très empressée.

Monsieur désire ?

FURET, lui passant la main sous le menton.

Jolie fille !... Vous êtes une jolie fille...

FRANÇOISE, minaudant.

C'est ce que me disait tout à l'heure encore un grand
Docteur, le Docteur Durand.

FURET

Bigre ! Un docteur énorme !...

FRANÇOISE

Vous le connaissez ?

FURET

Si je le connais !... C'est-à-dire que lui et moi nous ne
faisons qu'un ;... nous ne nous quittons jamais... (lui
caressant le menton). Une très jolie fille !...

FRANÇOISE

Pas aussi jolie que vos moustaches...

FURET

Tu les trouves belles ? Je dois reconnaître qu'en effet, la nature n'a pas regardé à la dépense sous ce rapport-là.

FRANÇOISE

Ce que vous devez en faire des conquêtes ?

FURET

Tant que je veux ; je n'en rate pas une. Tous les cœurs féminins s'accrochent à la pointe de mes moustaches.

FRANÇOISE

Ça ne m'étonne pas... Elles sont épatantes !

FURET

N'est-ce pas ?

FRANÇOISE

Quand vous embrassez une femme, ça doit la chatouiller...

FURET

Agréablement, je vous prie de le croire... Si vous voulez en juger par vous-même ? (Il l'embrasse à diverses reprises.)

FRANÇOISE

C'est vrai, ça fait un drôle d'effet... On peut y toucher ?

FURET

Oui, mais doucement, tout doucement...

FRANÇOISE

C'est soyeux... On dirait du poil de lapin.

FURET

Alors, exquise... Comment t'appelles-tu ?

FRANÇOISE

Françoise Trébuchet.

FURET

Françoise me suffit... Trébuchet ce sera pour plus tard. Alors, affolante Françoise, je peux espérer ? (Il l'embrasse.)

FRANÇOISE

Avec une paire de moustaches comme ça ?... Tout ce que vous voudrez ! Vous permettez ?

FURET

Quoi ?

FRANÇOISE

Que je touche encore ?

FURET

Petite gourmande !... Oui, mais avec précaution, par exemple, avec précaution... j'ai l'épiderme tellement sensible...

Mme BOUCARDIER, à la cantonade.

Françoise ! Françoise !

FURET, à part effrayé.

Aie ! Madame Boucardier. (Il veut se sauver, mais la moitié de sa moustache se décolle et reste dans la main de Françoise ébahie.)

FRANÇOISE

Ah ! Monsieur le docteur !

FURET, qui n'a plus qu'une moitié de moustache.

Bigre ! ça s'est décollé ! (Il sort à droite, premier plan.)

Mme BOUCARDIER, entrant avec Octavie

Eh bien Françoise ?...

FRANÇOISE

Madame !

Mme BOUCAHDIER

Vous êtes là, et vous me laissez m'égosiller ?

FRANÇOISE

Je n'ai pas entendu.

Mme BOUCARDIER

Faites-moi une bonne tasse de tilleul bien chaud.

FRANÇOISE

Bien, Madame.

Mme BOUCARDIER

Ah ! dites à ces demoiselles de venir tout de suite.

FRANÇOISE

Oui, Madame. (Elle sort à droite, deuxième plan.)

SCÈNE X

Mme BOUCARDIER, OCTAVIE, DEMOISELLES
puis OSCAR

Mme BOUCARDIER, à Octavie.

C'est une excellente idée que vous avez eue là, Octavie, d'offrir un bouquet aux nouveaux mariés. Ça et le petit compliment en musique c'est fort gentil. Mes enfants seront très heureux de l'attention, surtout mon gendre... Mais j'entends une porte se fermer.

OCTAVIE, aux demoiselles.

Nous y sommes ?

(Les demoiselles se placent à droite, Octavie en tête portant le bouquet.)

Mme BOUCARDIER

Ça va être charmant !

(Oscar entre par le fond gauche : il a changé de costume.)

CHŒUR

(Octavie bat la mesure.)

Aux mariés, nous venons toutes
Offrir nos vœux avec ferveur.
Etc. (Voir scène I.)

OSCAR

Quoi ? Et elles me félicitent encore! (Descendant.) Voulez-vous vous taire! Voulez-vous me fiche la paix ?

TOUTES

Hein ?

OSCAR

Avec vos compliments et vos fleurs ;.. allez-vous en,
allez-vous en !

> (Toutes effrayées, se sauvent à droite 2ᵉ plan, pous-
> sées par Oscar qui leur jette le bouquet qu'Octavie
> a laissé tomber.)

SCÈNE XI

Mᵐᵉ BOUCARDIER, OSCAR, puis GINETTE

Mᵐᵉ BOUCARDIER

Mais qu'est-ce qui vous prend? Qu'est-ce que vous
avez? Il est tout naturel que ces demoiselles vous félicitent.

OSCAR

De quoi ?

Mᵐᵉ BOUCARDIER

De votre bonheur.

OSCAR, ricanant.

De ma nuit de noces, peut-être ? Savez-vous comment
je l'ai passée ma nuit de noces?

Mᵐᵉ BOUCARDIER, pudique.

Je ne vous demande pas de détails, Oscar...

OSCAR

Eh bien ! je vais vous en donner, moi... J'ai passé la
nuit au poste.

Mᵐᵉ BOUCARDIER

Au poste ! Qu'est-ce que vous me dites-là ?

OSCAR

Parbleu ! vous ne vous êtes aperçue de rien, vous étiez...

(Geste.)

Mme BOUCARDIER

C'était la chaleur !

OSCAR

Oui, la chaleur du punch... Et on vient seulement de me relâcher.

Mme BOUCARDIER

Qu'est-ce que vous aviez fait ?

OSCAR

Rien du tout. J'ai crié : J'en ai assez, je suis le mari ! Tout le monde a dit ce n'est pas vrai ! Et cet abruti de Chapitel m'a fait empoigner.

Mme BOUCARDIER

Quelle histoire !

OSCAR

Pourvu qu'il ne se soit rien passé !

Mme BOUCARDIER

Qu'est-ce que vous voulez qu'il se soit passé ?...

OSCAR

Tiens ! Qu'ils soient restés tous les deux dans la même chambre, toute la nuit, pardine !

Mme BOUCARDIER

Et quand même, Monsieur, il ne se serait rien passé de mal, entendez-vous !...

OSCAR

Eh ! on ne sait pas !

(Ginette paraît à gauche, deuxième plan.)

Ce M. André ! a très bien pu la quitter ce matin seulement.

GINETTE, qui a entendu, à part.

Qu'est-ce qu'il dit ?... Comment ! c'est là toute la confiance que je lui inspire ?... Attends un peu, mon bonhomme, je vais te faire une de ces peurs...

Mme BOUCARDIER, apercevant Ginette qui descend l'escalier.

Ah ! voici Ginette !...

OSCAR

Enfin, je vais donc savoir...

Mme BOUCARDIER et OSCAR, ensemble.

Mon enfant ! Ginette !

GINETTE

Je vous en prie, ne parlez pas tous les deux à la fois.

Mme BOUCARDIER

Quand les agents ont emmené Oscar, après le bal, vous êtes entrés dans votre chambre avec M. André, n'est-ce pas ?

GINETTE

Dame ! M. Chapitel nous croyait mariés... Il fallait bien...

OSCAR

Et alors, une fois entrés, qu'est-ce qu'il a fait ?

GINETTE

Il s'est assis tranquillement sur une chaise.

Mme BOUCARDIER

Sur une chaise, vous voyez bien; et toi?

GINETTE

Comme j'étais très fatiguée, je me suis étendue sur mon lit, toute habillée.

Mme BOUCARDIER, à Oscar.

Tout habillée, vous voyez bien !

OSCAR

Et lui était sur la chaise ?

GINETTE

D'abord !... Mais on est très mal sur ces chaises-là, et comme il n'y avait pas de siège plus commode...

Mme BOUCARDIER ET OSCAR

Alors?

GINETTE

Alors, il m'a demandé de lui faire une petite place à côté de moi sur le lit...

OSCAR

Sur le lit?

GINETTE

Je ne pouvais pas lui refuser ça.

OSCAR, furieux.

Par exemple !

Mme BOUCARDIER

Malheureuse !

GINETTE, bas vivement.

Tu sais, ça n'est pas vrai, maman, je t'expliquerai plus tard.

OSCAR, hors de lui.

Et ensuite. Précisez, madame, précisez !...

GINETTE

Couplets

Que je précise ?... Il se peut bien
Que la chose soit malaisée.
Dans la nuit sombre, un souffle, un rien
Souvent nous tient l'âme abusée.
Je vous raconte sans mensonge
Ce que je crois avoir été...
Mais, après tout, n'est-ce qu'un songe
Ou bien une réalité ?..,

C'est l'X, l'inconnu, le mystère !
L'illusion nous guette à chaque pas...
Tout comme l'homme, en bien des cas,
La femme se trompe sur terre...
     Parfois aussi,
On la voit tromper son mari.

II

Ce dont très bien il me souvient,
C'est que j'étais près d'un jeune homme,
Qu'il m'embrassait, tendre... oh ! combien !
Et que ça me plaisait en somme.
Et je dois dire ici, bien franche :
Certes ça peut n'avoir été
Qu'un songe... Oui... mais dam' ! je penche
Plutôt pour la réalité...

C'est l'X, l'inconnu, le mystère
     Etc...

Mme BOUCARDIER, à Oscar

Mon pauvre ami !...

GINETTE, à Oscar.

C'est votre faute après tout.

OSCAR

Ma faute ?

GINETTE

Il ne fallait pas vous en aller

OSCAR

Ce sont les agents qui m'ont emmené...

GINENTE

Tant pis !...

OSCAR

Comment tant pis !... elle est raide celle-là !...

Mme BOUCARDIER

Voyons, mes enfants, ne vous disputez pas.

GINETTE

Tu as raison, Maman, puisque nous allons divorcer.

OSCAR

Comment divorcer ? Évidemment c'est très désagréable ; mais vous ne l'avez pas fait exprès, c'est un accident.

GINETTE

Un accident ! Vous appelez ça un accident, vous ? c'est trop fort ! Alors, vous ne voulez pas me rendre ma liberté ?

OSCAR

Mais non...

GINETTE

Vous tenez absolument à toucher les cent mille francs?

OSCAR

Tiens ! vous avez le chèque ?

GINETTE

Non, je n'ai pas le chèque !...

OSCAR

Alors, je cours chez l'oncle Chapitel... Il n'est peut-être pas encore parti... (Il sort par le fond à droite.)

Mme BOUCARDIER

Eh ! allez au diable !

(Elle entre à gauche; premier plan.)

SCÈNE XII

GINETTE, puis FURET

GINETTE

Il a beau faire, je me suis mis dans la tête de divorcer (Tapant du pied.) Je divorcerai, je divorcerai, je divorcerai !!

FURET, qui vient d'entrer et qui a entendu la fin de la phrase.

(A part.) Si elle divorce c'est pour se remarier. Encore une noce en perspective ; chauffons, chauffons ! (Haut, s'avançant.) Divorcer, ah ! comme vous avez raison, Madame, et combien je vous approuve.

GINETTE

Ah ! c'est vous docteur ! (Se reprenant.) C'est-à-dire...

FURET

Oh ! appelez-moi docteur, ça ne me vexe pas...

GINETTE

Alors, vous m'approuvez ?

FURET

Tout à fait ; surtout, si vous vous remariez...

GINETTE

Pour sûr ! que je me remarierai...

FURET

A la bonne heure ! Vous m'inviterez à votre noce, bien entendu ?

GINETTE

Mais oui, vous avez été si gentil de sauver la situation hier.

FURET

Bah ! c'est la moindre des choses ! Et même, si vous avez besoin plus tard de mettre mes faibles talents à contribution...

GINETTE

Je ne dis pas ! mais quels talents ?

FURET

Vous vous en êtes sûrement aperçue, je suis très artiste.

GINETTE

C'est-à-dire que ça crève les yeux.

FURET

N'est-ce pas? Peintre, je pourrai brosser le portrait de vos amis.

GINETTE

Ah ! vous faites ?

FURET

Le portrait, à mes moments perdus, oui...

GINETTE

Ressemblant ?

FURET

Non! Mieux que nature ; ressemblance garantie deux ans ! Musicien. Je les aiderai à passer agréablement la soirée en leur jouant.

GINETTE

Du piano? (Elle fait mine de jouer.)

FURET

Non, du bugle. (Il fait mine de jouer.) Mais je m'occupe principalement de musique de danse. Et tenez ! pas plus tard qu'hier je viens de composer un de ces numéros ; ah ! quel numéro !

GINETTE

Joli ?

FURET

Non! pas joli, superbe! Je vous en donnerais bien un échantillon, seulement, il faut être deux.

GINETTE

Eh bien! Mais il me semble que vous et moi...

FURET

Une et un, ç'a fait deux, c'est vrai ; alors, vous voudriez?

GINETTE

Après la scène de tout à l'heure avec mon mari? pour
sûr que je veux. Ça me calmera, ça me détendra les
nerfs; et puis, si Oscar arrive et qu'il nous voie, ça l'em-
bêtera.

FURET

Alors, je commence (il danse quelques mesures.)

GINETTE, l'arrêtant.

Dites-donc très jolie cette musique !

FURET, flatté.

N'est-ce pas ?

GINETTE

Seulement je la connais depuis longtemps.

FURET, à part.

Ah diable !

GINETNE

Elle n'est pas de vous, farceur.

FURET, indigné.

Pas de moi!... vous dites qu'elle n'est pas de moi?...

GINETTE

Non !

FURET, changeant de ton.

C'est très possible.

GINETTE

Mais ça ne m'empêchera pas de la danser ; au contraire.

FURET

C'est vrai au fait si vous la connaissez, ça n'en ira que
mieux... Vous y êtes ?

GINETTE

J'y suis!

DANSE

(Après la danse.)

GINETTE

Ouf! ça donne chaud, je vais aller me passer un peu d'eau sur la figure. (Elle sort ; deuxième plan à gauche).

FURET

Moi, je vais prendre une tasse de chocolat ça me séchera. (Il sort à droite ; deuxième plan.)

SCÈNE XIII

FRANÇOISE, Mme BOUCARDIER, puis FURET

(Françoise entre portant un plateau : une tasse de chocolat et des petits pains.)

Mme BOUCARDIER, (entrant par la gauche ; premier plan, et voyant Françoise avec le chocolat.)

Qu'est-ce que c'est que ça ?

FRANÇOISE

Du chocolat...

Mme BOUCARDIER

Mais, je vous ai demandé du tilleul.

FRANÇOISE

Ce n'est pas pour Madame, c'est pour le Docteur.

Mme BOUCARDIER

Quel docteur ?

FRANÇOISE

Le docteur Durand.

Mme BOUCARDIER

Remportez ça à la cuisine. (Voyant entrer Furet.) Comment, vous êtes encore là ?

FURET, à part un peu gêné.

Ah ! diable !...

Mme BOUCARDIER

Eh bien ! vous en avez un aplomb, vous ! Mais la noce est finie, monsieur, c'était hier, et vous revenez ce matin pour prendre du chocolat?

FURET

Dame! je croyais... après le service éminent que je vous ai rendu.

Mme BOUCARDIER

Mais on vous l'a payé, monsieur, votre service éminent ; vous avez été de la noce tout au long ; vous avez déjeuné, vous avez dîné et, entre parenthèses, vous avez un joli coup de fourchette ; vous avez pris des glaces, du punch, du champagne...

FURET

De la bénédictine...

Mme BOUCARDIER

Et ça ne vous suffit pas ?...

FURET, interloqué.

Vraiment, madame Cocardier...

Mme BOUCARDIER

Boucardier, s'il vous plaît ?

FURET

Coq ou bouc, à un animal près !...

Mme BOUCARDIER

C'est bien... c'est bien, je ne vous retiens pas !...
(Voyant qu'il ne bouge pas.) Qu'est-ce que vous attendez ?

FURET

Rien ; le temps de prendre mon paletot. Mais si je
m'attendais à ça de votre part. (A part en sortant.) Et puis
il n'était pas si bon que ça son dîner !...
(Il sort à droite.)

SCÈNE XIV

Mme BOUCARDIER, OSCAR, ANDRÉ, GINETTE,
puis FURET (Oscar entre par le fond gauche et André par
le fond droit, ils se trouvent nez à nez en descendant ensemble
en scène.)

OSCAR, à André.

Ah ! vous voilà... Vous apportez le chèque ?

ANDRÉ

Non... je viens vous dire que je suis à votre disposi-
tion.

OSCAR

Pourquoi faire ?

ANDRÉ

Mais vous allez me demander une réparation, je suppose ?

OSCAR

Quelle réparation ? Comment ! vous essayez de me
prendre ma femme et vous voudriez encore me flanquer

un mauvais coup par dessus le marché. (Ginette entre de
gauche.) Ah ! non alors... je ne marche pas...

FURET, entrant, il a son chapeau et son
paletot qu'il tient sous le bras.

Ah ! Monsieur André, quelle chance de vous rencon-
trer. J'ai une lettre à vous remettre de la part de votre
oncle. (Il la donne à André.)

OSCAR, à André.

Ouvrez, ouvrez vite !

ANDRÉ, qui déchire l'enveloppe.

Oui, cette fois, c'est le chèque.

OSCAR, la lui prenant des mains.

Merci ! (La parcourant des yeux.) Cent mille francs, je
cours les toucher. Enfin ! (Il va vivement vers le fond et
disparaît par la droite.)

FURET, saluant.

Mesdames, Messieurs !

Mme BOUCARDIER

Bonsoir, bonsoir !

FURET

Alors, vous m'avez assez vu ?

Mme BOUCARDIER

Trop !...

FURET

C'est égal, vous n'êtes guère aimable pour le Dr Durand.

Mme BOUCARDIER

Il se croit le Dr Durand maintenant... c'est à pouffer.

FURET

C'est bon on s'en va. (Saluant). Mesdames, Messieurs.
(Il remonte.)

Mme BOUCARDIER

Bon voyage !

FURET, à part.

C'est égal, elle n'est pas délicate cette femme-là.
(Il va pour sortir au fond et regarde dans la rue vers la droite.)
Tiens ! là-bas, au bout de la rue, mais c'est M. Chapi-
tel !

Mme BOUCARDIER

Bigre ! Il ne faut pas qu'il se doute ! (Désignant Furet.)
Et cet individu est capable de nous trahir (Appelant
Furet.) Docteur !

FURET, digne.

Qui ça ? le docteur... Il n'y en a pas de docteur...

Mme BOUCARDIER, qui va vivement à lui.

Comment vous partez ?

FURET

Vous venez de me flanquer à la porte...

Mme BOUCARDIER

Mais non, je plaisantais.
Elle le ramène en scène.

GINETTE

Vous ne pouvez pas partir sans avoir pris une bonne
tasse de chocolat, voyons !

Mme BOUCARDIER, appelant.

Françoise ! Françoise! (à Furet) Ce cher docteur, mais
débarrassez-vous donc... (Elle lui prend son paletot et son
chapeau. De l'intérieur du paletot tombent une tarte aux
cerises, des gâteaux, des fruits... des petits pains.)

FURET, confus.

Je vous demande pardon, c'est tout à l'heure par
distraction.

Mme BOUCARDIER

Ça ne fait rien...

GINETTE, ramassant les objets qu'elle lui passe à mesure
et qu'il remet dans ses poches etc...

Et même s'il vous reste encore de la place.

FURET

Non, merci !

GINETTE

Ne vous gênez pas !...

FRANÇOISE

Madame a sonné ?

Mme BOUCARDIER

Servez donc le chocolat de Monsieur le docteur...

FURET

Bien sucré n'est-ce pas ? Avec des mouillettes et du
beurre, beaucoup de beurre.

FRANÇOISE, sort à droite.

SCÈNE XV

GINETTE, Mme BOUCARDIER, ANDRÉ, FURET,
un instant CHAPITEL

CHAPITEL, entrant.

Bonjour tout le monde ! Bonjour mes enfants ! (Il
embrasse Ginette et serre la main d'André.) Madame Boucardier, mes hommages ! Tiens ! le docteur !...

Poignées de mains, etc.

Mme BOUCARDIER, à Furet.

Bonjour Monsieur Chapitel !

FURET

Bonjour vieux loup !

CHAPITEL, étonné.

Vieux loup ?

FURET

Dames ! n'êtes-vous pas un vieux loup de mer ?

CHAPITEL, riant.

C'est vrai ! Personne de malade, au moins ?

TOUS

Non.

CHAPITEL

Parce que je vois le docteur.

FURET

Non, je suis venu prendre une tasse de chocolat en passant. Il doit même refroidir, et le chocolat froid, il n'y a rien de mauvais comme ça pour l'estomac.

(Il sort à droite ; premier plan.)

CHAPITEL

A la bonne heure ! Je me disais aussi, ils ont tous des mines superbes, et ma jolie nièce en particulier ; un peu fatiguée peut-être ; mais un lendemain de noces, c'est d'ordonnance ;... n'est-ce pas Mme Boucardier ?

Mme BOUCARDIER

Mais, Monsieur Chapitel...

CHAPITEL

Vous aussi, hein, le lendemain de vos noces ?

Mme BOUCARDIER, minaudant.

Je vous en prie, vous me faites rougir...

CHAPITEL

Rougissez, Madame Boucardier, rougissez, ça vous donne la couleur de la rose dont vous pourriez être la sœur.

(Il lui embrasse la main.)

Mme BOUCARDIER

Toujours galants, ces hommes du Midi !

CHAPITEL

C'est le climat qui veut ça. (Voyant André et Ginette qui causent bas avec animation.) Eh bien ! quoi mes enfants, qu'est-ce que vous avez ? On se dispute déjà ?...

GINETTE

Oh ! non, Monsieur Chapitel !

CHAPITEL

M. Chapitel ? Mon oncle, nom d'une brigantine,... mon oncle.

GINETTE, bas à André.

Si, André, il le faut... (A Chapitel) Monsieur Chapitel...

CHAPITEL

Encore !

GINETTE

Je ne dois pas vous appeler mon oncle, car je ne suis pas votre nièce.

CHAPITEL

Pas ma nièce, la femme de mon neveu ?

GINETTE

Je ne suis pas la femme d'André...

CHAPITEL

Hein ! (Il regarde successivement André et Mme Boucardier qui répondent par des signes négatifs.) Qu'est-ce que vous me

chantez là ? Et la noce, les invités, le bal et tout le tremblement, ce n'était pas un mariage, ça?

GINETTE

C'était mon mariage, en effet...

CHAPITEL

Alors ?

GINETTE

Mais... avec Oscar.

CHAPITEL

Oscar! le garçon d'honneur ? Le petit crétin ?

GINETTE

Mon mari, c'est lui!

CHAPITEL

Ah ça, voyons, voyons !...

GINETTE

On vous a trompé. Vous aviez promis à André cent
mille francs le jour où il se marierait...

Mme BOUCARDIER

Et comme il me devait cette somme...

GINETTE

...Croyant que vous ne viendriez pas à Paris, il vous
a fait croire que...

CHAPITEL

Assez, je comprends ! Ainsi, vous vous êtes tous fichus
de moi? Vous vous êtes dit « : Chapitel est un bon idiot,
une vieille baderne, il avalera tout ce qu'on voudra. »

ANDRÉ

Oh! mon oncle !

CHAPITEL

Nom d'une frégate! Ah! Monsieur mon neveu!...

GINETTE

Ne le grondez pas, je suis seule coupable.

CHAPITEL

Permettez ! ce n'est pas vous qui m'aviez écrit : « Mon cher oncle, je me marie dans quinze jours... »

GINETTE

Non, mais vous voyant arriver, alors qu'on était si loin de vous attendre, j'ai craint que vous ne vous fâchiez contre André...

CHAPITEL

Tiens ! parbleu ! Il y avait de quoi, je suppose...

GINETTE

... Et j'ai eu l'idée de cette comédie que nous avons jouée jusqu'au bout...

CHAPITEL

Diable !... diable !...

ANDRÉ

J'en suis assez puni, mon oncle

Air: (Voir partition.)

CHAPITEL

Mais savez-vous que c'est très grave ? Je comprends qu'il était embêté lorsque je vous ai ménagé un tête à tête et qu'il vous voyait danser tous les deux. Et où est-il cet idiot ?

GINETTE

Chez votre banquier.

ANDRÉ

Pour toucher le chèque !

CHAPITEL, riant.

De mieux en mieux! Il en sera pour sa course. (Voyant Oscar qui paraît.) Ah ! le voilà !

SCÈNE XVI

LES MÊMES, OSCAR, TOUT LE MONDE

OSCAR, entrant essoufflé

J'arrive de chez le banquier... il était fermé.

CHAPITEL

Je sais... il marie sa fille aujourd'hui.

OSCAR

J'y retournerai demain.

CHAPITEL

Ce sera bien inutile.

OSCAR

Pourquoi ça ?

CHAPITEL

Parce que tout à l'heure j'enverrai un pneu pour dire qu'on ne fasse pas honneur à ma signature.

OSCAR, ahuri.

Hein ?

CHAPITEL

Ah ça, est-ce que vous croyez que je vais vous faire cadeau de cent mille francs ?

OSCAR

C'est la dot de ma femme.

CHAPITEL

Votre femme ? Vous n'avez pas la prétention de vous considérer comme le mari de Ginette, je suppose ?

OSCAR

Permettez !

CHAPITEL

Vous n'avez qu'une chose à faire : divorcer !

OSCAR

Ah]! non! les affaires sont les affaires!

GINETTE, à Oscar.

Je ne vous aimerai jamais.

CHAPITEL

Une femme qui ne vous aimera jamais, pas de dot...

OSCAR

Oui, mais il y a les espérances... Mme Boucardier est
riche, elle gagne beaucoup d'argent, l'affaire n'est pas
encore si mauvaise.

CHAPITEL

Tenez ! vous me dégoûtez !

SCÉNE et ENSEMBLE

OSCAR

Ah ! permettez !
Vous m'insultez !...
Me dire des choses pareilles !

CHAPITEL

Je vais vous tirer les oreilles !

GINETTE et ANDRÉ, le retenant.

Voyons, mon oncle !

CHAPITEL, à Oscar.

Assurément !
Je vous les arrache et comment !
Si vous ne filez vivement ;

OSCAR

Soit! je m'en vais... avec Madame
(Il désigne Ginette.)

GINETTE

Jamais :

OSCAR

Elle est ma femme
Et j'ai pour moi
La Loi !
Avec[moi, dans une heure
Quittant cette demeure
Elle partira.

TOUS

Partira pas !

OSCAR

Partira !

TOUS

Partira pas !

OSÇAR

Dans une heure au plus tard,
Je vais préparer le départ.

GINETTE

Partirai pas !

TOUS

Partira pas !

OSCAR

Partira !

TOUS

Partira pas !

CHAPITEL

Suffit ! Assez raisonné !
Qu'à partir, point il ne tarde, tarde !
Car je sens la moutarde, tarde
Qui me monte au nez...

OSCAR

Partira !

TOUS

Partira pas !

CHAPITEL

Prenez garde !

TOUS

Prenez garde !

OSCAR

Partira !

TOUS

C'est c' qu'on verra !...

GINETTE

Partirai pas !

(Il se lance sur Oscar qui l'évite, se cache derrière les
personnages, et finit par se sauver. Pendant ce temps,
tout le monde en scène chante.)

TOUS

Il sent monter la moutarde
Et si vous criez trop fort
En deux temps à la houzarde
Il va vous flanquer dehors !

(Oscar est parvenu à se sauver. Tous sortent derrière
lui, sauf les personnages de la scène suivante.)

SCÈNE XVII

GINETTE, CHAPITEL Mme BOUCARDIER, ANDRÉ

CHAPITEL

Il a bien fait de filer, sans ça... Eh bien, vous êtes contente ma nièce ?

GINETTE

Peuh ! à moitié.

CHAPITEL

A moitié ?

GINETTE

Mon oncle, vous m'aimez bien n'est-ce pas ? ne dites pas non, je le lis dans vos yeux.

CHAPITEL

Et vous lisez bien, mille gargousses !

GINETTE

Il y a une chose que vous ne pouvez faire, que vous ne ferez pas.

CHAPITEL

Laquelle ?

GINETTE

Me laisser à Paris, avec Oscar que je déteste, qui ne sera jamais mon mari.

CHAPITEL

Alors ?

GINETTE

Alors, j'ai une idée qui arrangerait tout...

CHAPITEL

Voyons ?

GINETTE

M'emmener avec vous.

CHAPITEL

C'est vrai !... pourquoi pas au fait !

GINETTE

Et maman aussi ?

CHAPITEL

Et maman aussi (se reprenant) et votre mère aussi ;
si ça lui va...

Mme BOUCARDIER

Si ça me va ! Justement moi, qui ne connais pas Bordeaux, c'est une occasion unique de faire sa connaissance.

ANDRÉ

Et moi ? on va pas me laisser pour compte comme
chez les grands tailleurs, je suppose ?

GINETTE

Mais vous faites partie du voyage bien sûr !

CHAPITEL

Hum ! hum ! ce n'est peut-être pas très correct, mais
bah ! avec un imbécile comme Oscar !

ANDRÉ

Alors, ça colle pour moi aussi ?

CHAPITEL

Ça colle.

GINETTE

Ah ! mon oncle que vous êtes gentil ! Aussi votre
petite Ginette vous aime, vous aime, tenez ! (Elle lui saute
au cou et l'embrasse.)

Mme BOUCARDIER, même jeu.

Ah ! M. Chapitel ce que vous faites-là, c'est chic !

ANDRÉ

Ah ! mon oncle ! vous êtes épatant. (Il veut s'élancer.)

CHAPITEL, le retenant.

Ah ! non, toi, un homme, une simple poignée des deux mains ça suffit. (Ils se serrent les mains.)

Mme BOUCARDIER

Nous allons nous habiller ; tu viens Ginette ?

GINETTE

Voilà Maman (criant). Les voyageurs pour Bordeaux en voiture (Elle sort avec sa mère, deuxième plan Gauche.)

CHAPITEL, à André.

Toi, cours à la gare d'Orsay, et retiens-moi un compartiment.

ANDRÉ

Oh ! oui, mon oncle ! (Il sort vivement au fond.)

CHAPITEL, qui l'accompagne jusqu'à la porte.

Une fois là-bas on verra à se débarrasser du gêneur.

SCÈNE XVIII

CHAPITEL, SIMONE, OCTAVIE, FURET

SIMONE, entrant avec Octavie. Elle est en train d'essayer une robe. A Octavie.

Je vous assure qu'il y a quelque chose qui ne va pas.

CHAPITEL.

Tiens !

SIMONE

Ah ! Adalbert !

CHAPITEL, *après lui avoir fait signe de
prendre garde à cause d'Octavie.*

Qu'est-ce que vous faites ici ?

SIMONE

Vous voyez, j'essaie des robes.

OCTAVIE

Trois robes magnifiques ! Ah ! Madame a bon goût.
Je vous demande pardon, j'ai oublié mes épingles…

(Elle sort à droite, deuxième plan.)

CHAPITEL

Trois robes à la fois, mazette !!

SIMONNE

Pour vous faire honneur Adalbert !

CHAPITEL

A moi ?

SIMONNE

Quand on me verra passer à votre bras dans les rues
de Bordeaux !

CHAPITEL

A Bordeaux ?

SIMONNE

Puisque vous m'emmenez.

CHAPITEL

Moi ?

SIMONNE

Alors, vous ne m'emmenez pas ? Et vous me faites
commander des robes à quatre cents francs chacune ?

CHAPITEL

Pardon, pardon, ce n'est pas moi qui vous ai dit…

SIMONNE

Qui sait ? vous allez peut-être refuser de les payer, maintenant ?

CHAPITEL

Tiens !

SIMONNE

Et vous dites que vous êtes généreux avec les femmes? Ah ! les hommes !...

CHAPITEL, qui a une idée.

Eh bien, si, je les paierai.

SIMONNE

Toutes les trois ? A quatre cents francs chacune ?

CHAPITEL

Je vous en paierai même six...

SIMONNE, joyeuse lui sautant au cou.

Six ! ah ! Adalbert !

CHAPITEL, à part.

A deux cents francs (haut) mais à une condition...

SIMONNE

Laquelle ?
(Chapitel lui parle bas.)

OCTAVIE, entrant.

Me voilà; ah !

(Elle a laissé tomber une sébille pleine d'épingles qu'elle tenait, elle s'agenouille pour les ramasser.)

FURET, qui entre à ce moment de droite, deuxième plan, portant une tasse de chocolat avec petits pains qu'il pose sur un guéridon. Il a sa serviette au cou.)

Permettez-moi de vous aider...

(Il vient s'agenouiller en face d'Octavie.)

OCTAVIE

Oh ! je vous en prie, Monsieur le docteur !

FURET

Oh ! je suis un docteur intermittent !

OCTAVIE

Intermittent ? C'est une spécialité ?...

FURET

Oui, je n'exerce que les jours de noces.

(Ils se relèvent. Furet va au guéridon.)

CHAPITEL, qui causait bas à Simone,

C'est entendu ?

SIMONE

Entendu !

CHAPITEL, à part.

Après ça il faudra bien qu'il nous fiche la paix. (Il remonte et regarde dans la rue.) Le voilà justement au bout de la rue; il revient ! (A Octavie.) Vous seriez bien aimable de nous laisser seuls, un instant. On vous rappellera.

OCTAVIE

Bien, Monsieur.

(Elle sort à droite; deuxième plan.)

CHAPITEL, avisant Furet qui s'est assis sur le canapé, la serviette au menton et qui a commencé à tremper ses mouillettes dans le chocolat.

Qu'est-ce que vous faites là, docteur?

FURET

Vous voyez, je prends ma deuxième tasse de chocolat...

CHAPITEL

Vous la prendrez aussi bien à côté, n'est-ce pas ?

FURET, (ramassant les petits pains sur le guéridon.)

Au fait, pourquoi pas?

(Il sort à droite; premier plan, avec sa tasse dans laquelle il continue à tremper ses mouillettes.)

CHAPITEL, à Simone.

Vous, allez-y, et de l'adresse!..

SIMONE

Soyez tranquille!

(Chapitel entre à gauche; deuxième plan.)

SCÈNE XIX

SIMONE, OSCAR

OSCAR, entrant tenant un petit sac de voyage.

SIMONE

M. Dutilleul, le patron, sans doute?

OSCAR

Oui, Madame.

SIMONE

Je ne suis pas fâchée de vous voir.

OSCAR

C'est que...

SIMONE

Il y a quelque chose qui ne va pas.

OSCAR

Je vais faire venir la première...

SIMONE

Non, j'aime mieux que ce soit vous.

OSCAR

Je suis un peu pressé.

SIMONE

C'est l'affaire d'une minute. D'abord le corsage.
Lâchez donc votre sac. (Elle lui ôte le sac des mains et le
pose à terre.) Pas assez échancré, n'est-ce pas?

OSCAR

Mais si, je trouve que...
(Il reprend le sac.)

SIMONE

Si vous me connaissiez, vous ne diriez pas ça. J'ai de
jolies choses à montrer, moi, mon petit ! Tirez ma manche. (Il veut obéir, mais son sac le gêne.) Mais ôtez donc
votre sac. Elle le lui enlève des mains et le pose à terre. Il
tire la manche de Simone qui achève d'ôter le corsage et se
campe devant lui.) Eh bien ! qu'est-ce que vous en dites?
C'est-y des épaules? Vous ne voudriez pas que je cache
tout ça? Aussi, faut m'échancrer et largement, tenez !
de là, à là. Vous vous rappellerez?

OSCAR

Parfaitement. (Il va reprendre son sac.)

SIMONE

C'est comme la jupe.

OSCAR, l'examinant.

Elle me paraît bien.

SIMONE

Pas quand je suis assise. (Jetant son sac à la volée.) Mais
lâchez donc votre sac à la fin!... (Elle s'assied.) C'est dans
le bas surtout. Baissez-vous, tirez-là, et vous verrez. (Il
s'agenouille devant elle). Quand je me retrousse, c'est

affreux!... Moi qui ai la jambe plutôt bien, n'est-ce pas ?
(Elle a relevé sa jupe de façon à découvrir le bas de son mollet.)

OSCAR

En effet...

SIMONE, appuyant brusquement sa main sur Oscar,
ce qui lui met la tête sur ses genoux.

Ah ! vous me chatouillez !

OSCAR, essayant de se dégager.

Mais, je vous assure...

SIMONE

Si, si, encore !.. oh ! oh !

Elle rit aux éclats. Pendant ces dernières répliques, Ginette, Chapitel et Mme Boucardier ont paru à gauche. André entre par le fond, à droite et toute la figuration entre également en scène par la droite et par le fond.

(Simone se lève et Oscar se relève ahuri.)

SCÈNE XX

GINETTE, CHAPITEL, Mme BOUCARDIER,
OSCAR, ANDRÉ, TOUT le MONDE, puis FURET.

GINETTE, descendant en scène.

C'est trop fort ! Comment, Monsieur, je vous trouve aux pieds de Madame, le lendemain de notre mariage ?

TOUS

Oh !

OSCAR, ahuri.

Mais...

GINETTE

Il ne vous suffisait pas d'avoir passé la nuit dehors...

OSCAR, ahuri.

On m'avait fourré dedans !...

GINETTE

Laissant votre femme toute seule.

OSCAR

Ce n'était pas ma faute...

GINETTE

Je demande le divorce !

OSCAR

Je devine... c'était un coup monté ;... mais je ne marche pas !... Je suis votre mari, et rien au monde n'empêchera que vous soyez Mme Dutilleul...

FURET, entrant par la droite un journal à la main,
toujours sa serviette au cou.

Penses-tu ? et le journal ?

TOUS

Quel journal ?

FURET

Le maire d'Asnières révoqué de ses fonctions, par M. le Préfet de la Seine, la veille de votre mariage...

ANDRÉ, joyeux.

Alors vous n'êtes pas mariés ?

OSCAR

Nous nous représenterons !...

GINETTE

Oui... mais avec André !

CHAPITEL

Et il y aura deux mariages au lieu d'un, car moi aussi, j'épouse Mme Boucardier, si elle y consent...

Mme BOUCARDIER

De grand cœur !

OSCAR

Allons !... je suis roule.

CHAPITEL

Tu parles...

SIMONE

Ne t'en fais pas ! Je te reste moi !...

FURET

Je suis de la noce, hein ?... Des deux noces, plutôt ?

ANDRÉ

Pour sûr !

GINETTE

Et cette fois, ce sera pour de bon !

COUPLET AU PUBLIC

GINETTE

Tout se termine pour le mieux,
Et par un double mariage :
Cela fait quatre bienheureux,
Mais nous en voudrions davantage...
Ça dépend de vous cher public,
Marcherez-vous ?... Voilà le hic !...
Oui, je le gage !...
Applaudissez à tour de bras
Notre opérette,
Et de tout là-haut, jusqu'en bas,

(Faisant mine de claquer des mains.)

Qu' chacun en mette !

TOUS

Applaudissez à tour de bras
Notre opérette,
Et de tout là-haut, jusqu'en bas,
Qu' chacun en mette !...

FIN

IMP. JOUVE ET Cie, 15, RUE RACINE, PARIS — 3299-17

COLLECTION DE LIVRETS COMPLETS

(RÉPERTOIRE FRANÇAIS)

OPÉRAS ET OPÉRAS-COMIQUES

BARBLET (Alfred) . . . *Scemo.*
BELLMAN (H.) . . . *La Princesse sous verre.*
BUFFIN (Victor) . . . *Kaatje.*
CABARDUS (Francis) . *Cachaprès.*
CHARPENTIER (Gust.) . *Julien.*
— *La Vie du Poète.*
DARGOMIJSKY (A.) . . *La Roussalka.*
DUPUIS (Albert) . . . *Le Château de la Bretèche.*
— *La Chanson d'Halewyn.*
DURAND-ROCH (A.) . . *Annette*
ERLANGER (Camille) . *Le Fils de l'Étoile.*
— *Le Juif Polonais.*
— *Kermaria.*
— *Saint-Julien l'Hospitalier*
— *Aphrodite.*
FALLA (Manuel de) . . *La Vie brève.*
FOURDRAIN (Félix . . *Alsace-Lorraine.*
— *La Griffe.*
GEORGES (Alexandre) . *Sangre y Sol.*
— *La Maison du Péché.*
GROVLEZ (Gabriel) . . *Cœur de Rubis.*

GUIRAUD (E.) et SAINT-SAËNS (Camille) . *Frédégonde.*
HIRCHMANN (Henri) . *La Charmante Rosalie ou le Mariage par Pro-curation.*
LATTES (Marcel) . . . *Il était une bergère.*
LAZZARI (Sylvio) . . . *La Lépreuse.*
— *Mélénis.*
— *Armor.*
LECOCQ (Charles) . . *La Trahison de Pan.*
LE REY (Frédéric) . . *La Mégère apprivoisée.*
NOUGUÈS (Jean) . . . *Le Dante.*
PFEIFFER (G.) . . . *Le Légataire universel.*
PONS (Charles) . . . *Le Drapeau.*
RATEZ (E.) . . . *Messdouda.*
SEYNES (Georges de) . *Le Maître Tonnelier.*
— *La Maffia.*
TERRASSE (Claude) . *Le Mariage de Télémaque.*
— *Pantagruel.*
— *La Farce du Poirier.*
WAILLY (Paul de) . . *L'Apôtre.*
WIENIAWSKI (A. de) . *Mégaé.*

OPÉRETTES

BARRÉ (Antoine) . . *Le Roi Frelon.*
COUÂ (Ch.) . . . *Sa Majesté Polichinelle.*
FIJAN (André) . . . *Manette.*
FOURDRAIN (Félix) . *L'Amour en cage.*
— *Les Maris de Ginette.*
GANNE (Louis) . . . *Cocorico !*
— *I love you !*
GILLET (Ernest) . . . *Mam'zelle Vendémiaire.*
HERVÉ . . . *Le Cabinet Piperlin.*
HIRCHMANN (Henri) . *Les Petites Étoiles.*
— *Les Deux Princesses.*
JACQUET (H.-M.) . . *Le Poilu.*
LACOME (P.) . . . *Les Quatre Filles Aymon.*
LATTES (Marcel) . . *Les Danaïdes (Jeunesse dorée)*
PESSARD (Émile) . . *Mam'zelle Carabin.*
REDSTONE (W.) . . *Mik Ier*
SERPETTE (Gaston) . *Le Royaume des Femmes.*
SEYNES (Georges de) . *La Fauvette envolée.*

SZULC (Joseph) . . . *Diane au Bain.*
— *Flup.*
— *Loute.*
TERRASSE (Claude) . *Les Transatlantiques.*
— *La Fiancée du Scaphan-drier.*
— *Monsieur de la Palisse.*
— *Panthéon-Courcelles.*
— *Péché véniel.*
— *La petite Femme de Loth.*
— *Le Sire de Vergy.*
— *Les Travaux d'Hercule.*
— *L'Ingénu Libertin.*
— *Le Tiers porteur.*
VAN OOST (Arthur) . *Les Moulins qui chantent.*
— *Beulemans marie sa fille.*
VARNEY (L.) . . . *Les Petites Brebis.*

VAUDEVILLE

ROLAND (Claude) . . *Le Canard jaune*